心理学入门

永梅 ◎ 著

哈尔滨出版社
HARBIN PUBLISHING HOUSE

图书在版编目（CIP）数据

心理学入门 / 永梅著 . -- 哈尔滨：哈尔滨出版社，
2025. 6. -- ISBN 978-7-5484-8287-1

Ⅰ . B84

中国国家版本馆 CIP 数据核字第 2024WC8403 号

书　　名：**心理学入门**
XINLIXUE RUMEN

作　　者：永　梅　著
责任编辑：李维娜
封面设计：于　芳
内文排版：张艳中

出版发行：哈尔滨出版社（Harbin Publishing House）
社　　址：哈尔滨市香坊区泰山路 82-9 号　　邮编：150090
经　　销：全国新华书店
印　　刷：三河市龙大印装有限公司
网　　址：www.hrbcbs.com
E-mail：hrbcbs@yeah.net
编辑版权热线：（0451）87900271　87900272
销售热线：（0451）87900202　87900203

开　　本：710mm×1000mm　1/16　印张：14　字数：180 千字
版　　次：2025 年 6 月第 1 版
印　　次：2025 年 6 月第 1 次印刷
书　　号：ISBN 978-7-5484-8287-1
定　　价：48.00 元

凡购本社图书发现印装错误，请与本社印制部联系调换。
服务热线：（0451）87900279

前　言

你知道相亲的男女为什么在第一次见面的时候，会特别注重自己的言行举止和穿着打扮吗？

你知道相处多年的夫妻为什么最后会相看两厌吗？

你知道领导为什么能轻松拿捏员工，让其拼命为公司效力吗？

你知道不同的色彩为什么会使人产生不同的心理感受吗？

……

生活中，很常见的一些现象和行为都和心理学有很大的关系。首因定律、近因定律、保龄球效应等心理学知识可以解释上面的种种现象。这一切看起来是不是很新奇，很有趣呢？

心理学虽然看不见、摸不着，但是它确确实实存在于我们的生活中，是一门非常有趣的学科。通过它，我们可以窥探到人们深层次的心理动机；通过它，我们可以了解很多行为背后的成因；通过它，我们可以解答生活中遇到的很多与心理有关的问题。比如，如何更好地处理好人际关系，如何在职场中更受欢迎，如何经营爱情亲情，如何摆脱不良情绪，如何提升个人魅力等。

作为心理学知识读物，《心理学入门》这本书用通俗的语言向大家阐述了我们身边的心理学，这些心理学与我们的生活工作、为人处世密切相关，不但包括心理奥秘、人性特点、人格特征、行为方式等，还为读者提供了正确观察事物、思考问题、认识自我的方法。

为了方便大家理解，书中运用通俗、简练的语言，结合丰富的实例，将深奥的心理学知识深入浅出地进行通俗化阐述，旨在帮助大家快速掌握心理学的核心秘密。

在人生的大舞台上，我们每天都在忙忙碌碌地生活，内心也在上演着喜怒哀乐、悲欢离合的故事。如果我们能从本书中，了解一些必要的心理学知识，那就相当于进入心理学的大门，为自己打开重新认识自己与他人的一扇窗。

通过阅读此书，大家能理解心理学的科学性和实用性，能运用心理学提升自我精神状态，升华自我修养，还会运用专业的心理学知识解决在职场、情场、商场、社交场上遇到的心理问题，从而提升自己的幸福指数。

目 录

我是谁?
——心理学让你了解自己

总有人和你对着干?
——心理学帮你洞察人心

想给别人留下好印象？
——心理学使你左右逢源

人生是一场修行
——心理学让你处事不惊

好心情有美容功效
——心理学使你魅力升级

爱情亲情也需要经营
——心理学让你幸福一生

做自己的心理医生
——心理学让你更加健康

日常生活中的心理学
——心理学帮你解决难题

附
知道点心理学名著

我是谁?

——心理学让你了解自己

你是不是经常这样：
总感觉自己像个精神病人，
一会儿想通了，
一会儿又想不通了，
一会儿觉得天大的事儿只要活着就好，
一会儿又觉得胸闷喘不过气来，
每天游走在崩溃与自愈的边缘，
不断地在神经与正常间来回切换？
其实，这是你的心理在求救，
你要正确地认识自己，
管好自己的情绪和脾气，
找到应对人生困境的方法。

我是谁？谁是我？——自我知觉

自我知觉（Self-perception，即自我认识）是一种重要的社会知识。一个人能正确地认识自己是有效地从事社会活动的前提，也是社会化成熟的标志。

何为自我知觉？该理论是由 D.J. 比姆（D.J.Bem）在 1972 年提出的，它是个体对自己的认识，是自己对自己的看法，即个体的自我观。具体来说，它是指人们对自己的需要、动机、态度、情感等心理状态以及人格特点的感知和判断。

自我知觉可以是有关自我的一套观念，也可以只是有关自身认识的一些直觉，但不论是观念还是直觉，都会对我们的行为产生影响。准确的自我知觉，有助于个体的社会调适和心理、行为素质的良好发展。

自我知觉的范畴包括：我是谁？我从哪里来？我将往何处去？

"我是谁"，包含着对自己的外表、体质、举止、性格特点、气质类型、能力、兴趣、所承担的社会角色等方面的认识；

"我从哪里来"，涉及籍贯、家庭状况、学历、工作经历、阅历、现有知识水准、能力、社会地位、社会资源等；

"我将往何处去"，则指向一个人对自己未来人生的设计，比如在经济、情感、社会成就等方面想要达到什么样的目标，以及实现的具体方法。

几乎所有的事都与自我知觉有关。

粗心的人一般不会选择会计为自己的终生职业。但在我们身边，由于不了解自己的性格、天赋、气质，盲目求职的人还少吗？

规划人生同样牵涉到自我知觉。我为什么而工作？我的经济条件允许我买什么样的房子？我对生活有什么要求？我准备为理想承担什么样的代价……这些问题不想清楚，往往活成一团乱麻。

与人相处也离不开自我知觉。亲友、同学、同事、师生、上下级，每个人在不同的人面前有不同的身份。要求一般同事像朋友一样理解自己，要求老师或上级为自己办私事，绝大多数情况下都会碰钉子。不懂得按照基本的社会角色规范行事，就有可能给自己制造麻烦。

一个人缺乏自我知觉，做事是不可能成功的！

有一个年轻人，大学毕业后成为一名令人羡慕的公务员，但他还是很自卑，因为他认为自己是从偏僻的小山村里出来的，家里穷，也不认识什么后台，跟身边的同事、朋友相比是"先天不良"。由于自卑，年近三十都没有恋爱过，总担心女孩子瞧不起他，也觉得自己配不上那些时尚、骄傲的女孩子。其实，他身边的人都觉得他很优秀，也有女孩对他另眼相看，他自己却没有意识到。因为他对自己的认识还是停留在那个"贫穷的山娃子"上，他总是对自己进行负面评价，结果不仅造成了心理上的困惑，更是影响到了正常的生活、感情。这些都源于他没有一个客观、正确的"自我认识"。

假设这位年轻人，因为各种原因，失去了职务，不得不靠做苦力为生。如果他只看到自己"寒门学子"的一面，天天抱怨社会不公，感叹自己大材小用，怎么可能做好事？！而这种只会怨天尤人，不能脚踏实地工作的现状，又怎么可能走出困境？

相反，那些知道自己是谁，从哪里来，将往何处去的人，不论因何种原因，沦落到何种地步，最终都会以脚踏实地的顽强努力，为自己赢取光明的未来。

认识自己并不是一件容易的事。在日常生活中，人既不可能每时每刻去反省自己，也不可能总把自己放在局外人的地位来观察自己。正因为如此，个人便借助外界信息来认识自己。由于外部世界的复杂多变，个人在认识自我时很容易受到外界信息的暗示，而不能正确地认知自己。

人们常犯的一个错误是，很容易相信一个笼统的、一般性的人格描述特别适合他。即使这种描述十分空洞，他仍然认为反映了自己的人格面貌。

有心理学家曾用一段笼统的、几乎适用于任何人的话让大学生判断是否适合自己，结果，绝大多数学生认为这段话把自己概括得非常准确。你也来看看这段话吧——

"你很需要别人喜欢并尊重你。你有自我批判的倾向。你有许多可以成为你优势的能力没有发挥出来，同时你也有一些缺点，不过你一般可以克服它们。你与异性交往有些困难，尽管外表上显得很从容，其实你内心焦急不安。你有时怀疑自己所做的决定或所做的事是否正确。你喜欢生活有些变化，厌恶被人限制。你以自己能独立思考而自豪，别人的建议如果没有充分的证据你不会接受。你认为在别人面前过于坦率地表露自己是不明智的。你有时外向、亲切、好交际，而有时则内向、谨慎、沉默。你的有些抱负往往很不现实。"

这其实是一顶套在任何人头上都合适的帽子，而太多的人爱把这顶帽子往自己头上戴。

这种对自己的错误认知在生活中十分普遍。拿算命来说，很多人请教过算命先生后都认为算命先生说得"很准"。其实，那些求助算命的人本身就有易受暗示的特点。当人的情绪处于低落、失意的时候，对生活失去控制感，于是，安全感也受到影响。一个缺乏安全感的人，心理的依赖性也大大增强，受暗示性就比平时更强了。加上算命先生善于揣摩人的内心感受，稍微能够理解求助者的感受，求助者立刻会感到一种精神安慰。算命先生接下来再说一段一般的、无关痛痒的话便会使求助者深信不疑。

那么人应该怎样真正认识自己呢？不断自省自悟是认识自我的一种重要手段。曾子说："吾日三省吾身。"就是靠经常性的自我反省和思考，来了解自己的本性及其变化。另外，别人的意见我们也可作为参考，毕竟有时旁观者清，当局者迷，但是在听完别人的意见后，我们要有自己独立的分析判断，不要盲目相信权威，也不要人云亦云，你自己是什么样子，你心中最清楚，也最有发言权。

✎ 画重点

1. 自我知觉的范畴包括：我是谁？我从哪里来？我将往何处去？

2. 一个人缺乏自我知觉，就无法对自己的能力、行为、性格等方面做出客观的认知和判断，所以做事成功的概率极低。

3. 不断自省自悟是认识自我的一种重要手段。

本我、自我、超我——人格的构成

人格结构中的三个层次相互交织，形成一个有机的整体。它们各行其是，分别代表着人格的某一方面：本我反映人的生物本能，按快乐原则行事，是"原始的人"；自我寻求在环境条件允许的条件下让本能冲动能够得到满足，是人格的执行者，按现实原则行事，是"现实的人"；超我追求完美，代表了人的社会性，是"道德的人"。

我们每个人都希望自己有健全的人格，如果有人用"你人格有缺陷""你有人格障碍"这样的话评价你，恐怕你会很恼火，并且用同样的话去攻击对方。但是如果别人赞扬你"人格魅力"时，你会暗暗欣喜，为自己感到骄傲自豪。

那么，到底什么是人格呢？它为什么会让你如此重视呢？

从心理学的角度来说，人格是一个人的独特思维、情感和行为模式。每个人都是由独特的才智、价值观、期望、感情、仇恨以及习惯构成，这就使得我们形成了一个与众不同的自己。人格不仅具有独特性，同时也具有稳定性，这也决定了你以前是什么样，现在和将来都是什么样。

奥地利心理学家弗洛伊德将人格分为"本我""超我"和"自我"三部分。

"本我"是人格结构中最原始的部分，从出生日起算即已存在。构成"本我"的成分是人类的基本需求，如饥、渴、性三者均属之。

"本我"中之需求产生时，个体要求立即满足，故而从支配人性的原则上来讲，支配本我的是唯乐原则。例如婴儿每感饥饿时即要求立刻喂奶，绝不考虑母亲有无困难。

"超我"是人格结构中居于管制地位的最高部分，是由于个体在生活中，接受社会文化道德规范的教养而逐渐形成的。"超我"有两个重要部分：一为自我理想，是要求自己行为符合自己理想的标准；二为良心，是规定自己行为免于犯错的限制。因此，"超我"是人格结构中的道德部分，从支配人性的原则看，支配"超我"的是完美原则。

"自我"是个体出生后，在现实环境中由"本我"中分化发展而产生，由"本我"而来的各种需求，如不能在现实中立即获得满足，他就必须迁就现实的限制，并学习到如何在现实中获得需求的满足。从支配人性的原则看，支配自我的是现实原则。此外，"自我"介于"本我"与"超我"之间，对"本我"的冲动与"超我"的管制具有缓冲与调节的功能。

比如，抑制自己的怒火；虽然生气，但知道什么话能说，什么话不能说。这就是"自我"的控制和压制。那些对自己要求严格，容不得丝毫错误的人，往往"超我"过于强大，经常对过去的事情懊悔、自责，感到抑郁；而那些随心所欲，无所顾忌的人往往"本我"过于强大，"自我"在现实面前无能为力，动不动就摔东西、发怒。

有同事甲、乙二人，学历相当，年龄相仿，同一年进了公司。几年过去了，甲当上了部门主管，事业蒸蒸日上；而乙专心于技术，虽然工作踏实，至今默默无闻。这位乙同志，偶尔会情绪不稳定，因为，当他的"超我"变强的时候，"超我"就会说："你应该和甲一样出色，为什么他能够出人头地，你却生活清贫？你需要不停地努力，赶上他，超越他才行！"这时，他就会有一种惭愧的情绪体验，甚至自卑、自责。

这就是他的"超我"在压制"本我"，此时就需要他的"自我"将其拉回现实，告诉他："你不用跟别人比，自己过自己喜欢的生活，做最好的自己就可以了。"当他的"自我"协调好"本我"和"超我"的关系之后，他才会过得轻松，自由，快乐，充实。

一个真正健康的人格中，自我、本我、超我这三个组成部分必须是均衡、协调的。我们要使自己有一个完善、健康的人格，就应该学会平衡和协调自我、本我和超我这三者的关系。一旦三者失调乃至破坏，就很容易出现心理问题，危及人格的发展。

一般来说，完美主义者往往"超我"过于强大，所以经常对过去的事情懊悔、自责，感到抑郁；而那些狂躁症患者则一般都是"本我"过于强大，"自我"在现实面前无能为力，因而动不动就摔东西、发怒。

在平衡"本我"、"超我"和"自我"这三者之间关系的时候，我们应该注意以下三点：

第一，懂得控制自己的心理和情绪，不要过度放纵自己、满足欲望

人是很容易自我娇惯、自我放纵的动物，特别是对于一些贪图享乐的年轻人来说，饭菜总是愈可口愈好，衣着总是愈华丽愈好，住房总是愈宽敞舒适愈好，钱包总是愈鼓愈好，别人总是对自己愈崇拜愈好……由于这些动机的驱使，他们想方设法通过各种手段去"追求"自己想得到的一切。

俗话说"人心不足蛇吞象"，人的欲望是永无止境的，无所禁忌地满足自己，并不是一件好事，有时候会带来严重的后果。放纵自己就是堕落，是对自己不负责任的态度。实际上，自己给予自己的自由越多，自己所受的束缚也就越多。年轻人不要一味地追求享受和自我满足，有时候，困顿也是一种很好的人生经历。

第二，懂得放松自己，不要给自己施加过高的道德准则

同样是为了达到某种目的，与那些过于放纵自己的年轻人相比，

还有一部分年轻人总是给自己制定严格的行事标准，一旦自己没有达到自己的期望值，就形成强大的压力，产生沮丧心理，影响工作和生活。

我们不是圣人，难免有能力不够或是犯错的时候，特别是对刚步入社会不久的年轻人来说，无论是在学识、经验还是其他方面都是缺乏的，因此，很多目标并不是一朝一夕能达成的，凡事只要做到最好的自己就行了。

现代社会给我们的压力已经很大了，我们在为自己助威的同时，也要学会为自己减压，让自己轻轻松松地生活和工作。

第三，提高自己的情商，保持一颗平常心

所谓情商，是测定和描述人的"情绪情感"的一种指标。具体包括情绪的自控性、人际关系的处理能力、挫折的承受力、自我的了解程度以及对他人的理解与宽容。情商较低的人不会为人处世，人际关系紧张，容易急躁或是缺乏理智；而情商较高的人，通常有较健康的情绪，有良好的人际关系，遇事懂得调节自己的心理，容易获得心灵上的放松。

情商是形成健全人格基础。不过高情商并不是生来就有的，而是在后天不断实践所得。这就要求我们保有一份平和的心态，喜怒哀乐，从容处之。

画重点

1. 人格分为"本我""超我"和"自我"三部分。

2. 我们不可过度放纵自己的欲望，也不能给自己施加过高的道德准则，同时还要保持一颗平常心，这样才能平衡好"本我""超我"和"自我"的关系。

帮你认识自我——乔韩窗口理论

"在你的觉醒中你有新生和古代的奇迹，你和新花一样的年轻和山岳一样的古老。"

——泰戈尔

美国心理学家乔（Jone）和韩瑞（Hary）提出关于自我认识的窗口理论，被称为乔韩窗口理论。他们认为人对自我的认识是一个不断探索的过程。因为每个人的自我都有四部分：公开的自我、盲目的自我、秘密的自我和未知的自我。通过与他人分享秘密的自我、通过他人的反馈减少盲目的自我，人对自我的了解就会更多更客观。

那么如何认识自我呢？认识自我的渠道主要有三种：

第一，从自己与他人的关系中认识自我

与他人的交往，是个人获得自我认识的重要来源，他人是反映自我的镜子。从幼年到成年，我们从简单的家庭关系扩展到外面的友爱关系，进入社会又体会到复杂的人际关系。聪明而善于思考的人能从这些关系中用心向别人学习，获得足够的经验，然后按照自己的需要去规划自己的前途。但是，在与他人的关系中认识自我也要注意一些问题：

1.跟别人比较的是我们做事的条件，还是我们做事的结果？比如有些人在公司上班，认为自己的家庭条件和经济基础不如别人，就开始把自己置于次等地位，进而影响工作心态和情绪。其实我们应该比较的是在工作中各自所取得的成绩，而非在日常生活中我们所具备的条件。

2. 跟他人比较的标准是可变的还是不可变的？经常有人认为自己不如他人，他们关注的常常只是身材相貌、家庭背景等不能改变的条件，对于大多数人来说这些条件是很难改变的，是没有实际比较意义的。

3. 和什么样的人相比较？是与自己条件相类似的人，还是个人心目中的偶像或不如自己的人？所以，确立合理的比较对象对自我的认识尤为重要。

第二，从"我"与事的关系中认识自我

从"我"与事的关系中认识自我，即从做事的经验中了解自我。我们可以通过自己所做过的事，所取得的成果、成就看到自己身上的缺点和优点。对那些聪明又善用智慧的人来说，成功、失败的经验都可以促使他们再成功，因为他们了解自己，有坚强的品格特征，又善于学习，因而可以避免重蹈失败的覆辙；而对于某些比较脆弱的人，因为只看到失败反映出的负面因素，而更使其失败。这也是常见的现象。因为他们不能从失败中学到教训，改变策略追求成功，而且挫败后形成害怕失败的心理，不敢面对现实去应对困境或挑战，甚至失去许多取得成功的机会；而对于一些自大的人而言，成功反而可能成为失败之源。他们可能因为成功便骄傲自大，以后做事便自不量力，往往遭受更多的失败。

第三，从"我"与自己的关系中认识自我

从"我"与自己的关系中认识自我看似容易，其实做到这一点是非常困难的。我们可以从以下几个角度去试着认识自我：

1. 自己眼中的"我"。个人眼中观察到的客观的"我"，包括身体、容貌、性别、年龄、职业、性格、气质、能力等。

2. 别人眼中的"我"。在与别人交往时，从别人对自己的态度、情感反应而感觉到的我。不同关系的人，不同类型的人对自己的反应和评价是不同的，它是个人从多数人对自己的反应中归纳出的认识。

3. 自己心中的"我"，也指自己对自己的期待，即理想中的"我"。

我们可以通过自己眼中的"我"、别人眼中的"我"、自己心中的"我"这三个"我"的比较分析来全面认识自我，进而完善自我。

请关注你的内心，经常问问自己：我正在做的事是我真正想做的吗？我正为之奋斗的是我真正想要的吗？我正在过的生活是我真想过的吗？

总而言之，正确认识自我，是做好自我的前提条件。按照自己的想法做自己喜欢且擅长的事情，做能使我们的生命力得到充分体现的事情，做能让我们产生美好体验的事情——而不仅仅是为了获得世俗意义上的成功，更是为了让自己感觉充实、幸福，感到生命充满意义！

✎ 画重点

1. 人的自我都有四部分：公开的自我、盲目的自我、秘密的自我和未知的自我。

2. 认识自我的渠道主要有三种：从自己与他人的关系中认识自我、从"我"与事的关系中认识自我、从"我"与自己的关系中认识自我。

你是怎样对待生活的——性格

性格是人们比较熟悉的一种心理现象，但生活中有时对它的理解并不十分准确。例如我们常说"某人性格活泼好动，某人好静；某人性子急，某人性子太慢。"其实，这里所指的现象并不是一个人的性格特征，而是指他的气质特点。

世界上没有两片相同的叶子，我们每个人也有完全不同的性格。性格是人类心理学中重要的概念之一，它是人对现实的态度和行为方式中比较稳定而具有核心意义的个性心理特征。

拿一个男人来说，他对信仰忠诚、热爱，对学习工作认真踏实，对志同道合的朋友经常表现出和蔼可亲，对自己始终谦虚谨慎。像这种对事业、对学习、对朋友和对自己所表现出来的稳定的态度和相应的行为方式，如果经常贯穿在他的行为的全部过程中，这些态度和行为方式就构成了这个男人的性格特征。至于那些偶尔表现出来的对某种事物的态度和一时一事的举动，就不能构成他的行为特征。仍以此人为例，他本是一个勇敢的人，但在某些情况下也可能出现一丝犹豫和震惊，但不能因此就说他是个性懦弱者。

反过来说，一个总是畏首畏尾的人，在被激怒的情况下，也可能做出冒失的举动，我们也不能因此就说他是个勇敢的人。

性格在其个性心理特征，如兴趣、能力、气质等，是相互影响的，而性格在其中起着核心作用。性格左右着兴趣的发展方向，制约着能力的发展方向，也制约着能力的发展水准。

性格不是天生的，而是后天获得的。它是在家庭、学校及社会教育的影响下，通过自身的实践逐渐发展起来。性格一旦形成，就比较稳定，但不是一成不变的。实际上，一个人的性格总是在社会经验中实践通过自我调整而发展改造的。因此，性格具有可塑性。

世界上关于划分性格类型的理论有很多种，MBTI 性格类型理论被认为是目前国际上最权威、最普遍使用的理论。中国 MBTI 性格类型系统分为五个维度，每个维度有两个方向，共计十个方面，即共有十种性格特点，如下表所示：

我们与外界相互作用的程度以及自己的能量被引向何处	（E）外倾——内倾（I）
我们自然注意到的信息类型	（S）触觉——直觉（N）
我们做决定和得出结论的方法	（T）思维——情感（F）
我们喜欢以一种较固定的方式生活（或做决定），还是以一种更自然的方式生活（或获取信息）	（J）判断——知觉（P）
我们与其他人之间的相互作用方式	（A）主导——被动（B）

每个人的性格都在五种维度相应分界点的这边或那边，我们称之为"偏好"。例如：如果你落在外倾的那边，称为"你具有外倾的偏好"；如果你落在内倾的那边，称为"你具有内倾的偏好"。

在现实生活中，每个维度的两个方面你都会用到，只是其中的一个方面你用得更自然、更容易、更快、更舒适，就好像每个人都会用到左手和右手，习惯用左手的人是左撇子，习惯用右手的人是右撇子。同样，你的性格类型就是你用得更自然、更容易、更快、更舒适的那种。

五个维度各有两个方面，一共组成 $2×2×2×2×2=32$ 种性格类型，如下表所示：

ISTJA	ISFJA	INFJA	INTJA	ISTJB	ISFJB	INFJB	INTJB
ISTPA	ISFPA	INFPA	INTPA	ISTPB	ISFPB	INFPB	INTPB
ESTPA	ESFPA	ENFPA	ENTPA	ESTPB	ESFPB	ENFPB	ENTPB
ESTJA	ESFJA	ENTJA	ENTJA	ESTJB	ESFJB	ENFJB	ENFJB

以上就是关于性格类型的详细介绍，相信通过这些专业的介绍，你对自己的性格能有一个更为全面客观的了解。当然，了解了自己的性格之后，也就更加明确自己的优缺点，也能清楚自己将来适合什么样的职业。

画重点

1.不是天生的，而是后天获得的。性格一旦形成，就比较稳定，但不是一成不变的。

2.MBTI 性格类型系统分为五个维度，每个维度有两个方向，共计十个方面，即共有十种性格特点。

为何你是这样的人——遗传与环境

一般认为, 遗传与环境因素对心理发展的作用并不是孤立的, 而是相互依存和渗透的。不能单纯地以其一来做决定。环境对于某种心理特性或行为的发生发展所起的作用, 往往有赖于这种特性或行为的遗传基础。同样, 遗传作用的大小也依赖于环境变量。

"我是怎样的一个人? 我为什么是这样的一个人?" 在回答这个问题时, 必然触及心理学中最根本性的争议: 人性是先天的还是后天的? 所有人都承认身高、发色、体型及眼睛的颜色等体态特征具有遗传性, 且越来越多的人开始认识到癌症、心脏病和高血压等许多疾病的发病倾向也有很明显的遗传成分, 但很少有人会想到, 在人的心理品质中基因也起着很重要的作用。

近年来, 在如何看待遗传 (先天) 与环境 (后天) 的关系问题上, 西方心理学家的意见正发生着偏重遗传的转变, 布沙尔等关于双生子的研究证实了这一点。下面的图表显示了分养与合养的同卵双生子在某些特征上的相似性, 相似程度在表中用相关系数 r 来表示。相关系数越大, 其相似程度越高。

在此, 有这样一个逻辑假设: 若个体的差异是由环境引起的, 则在相同环境下成长起来的合养同卵双生子与分养同卵双生子相比, 其个体特征应更相似。但是, 实际结果并非如此。将分养同卵双生子间每种特征的相关系数与合养同卵双生子的相关系数相除, 所得数值列在表的最后一列,这列数值表示两类双胞胎在每种特征相似性上的差异。如果两个相关系数相同,则相除以后的结果是 1.00;如果它们完全不同,则相除以后的结果会接近 0.00。

结果发现,两者在每种特征上的相关系数惊人相似,即其比值大多接近于 1.00,几乎没有低于 0.80 的,个别的甚至大于 1.00。

分养与合养同卵双生子在某些特征上的相似性比较表

特征	r 分养	r 合养	r 分养 /r 合养
生理			
脑电波活动	0.80	0.81	0.987
血压	0.64	0.70	0.914
心率	0.49	0.54	0.907
人格			
多维人格问卷(MPQ)	0.50	0.49	1.020
加利福尼亚人格问卷	0.48	0.49	0.979
智力			
韦氏成人智力量表	0.69	0.88	0.784
瑞文智力测验	0.78	0.76	1.030
社会态度			
宗教信仰	0.49	0.51	0.961
无宗教信仰社会态度	0.34	0.28	1.210
心理兴趣			
斯特朗—坎贝尔兴趣问卷	0.39	0.48	0.813
明尼苏达职业兴趣量表	0.40	0.49	0.816

这些结果表明,对于相当数量的人类特征而言,大多数差异似乎是由遗传因素或基因引起的。表中的数据从两个重要方面证明了这一结果。其一,具有完全相同的遗传特质的人(同卵双生子),即

便分开抚养且生活条件大相径庭，他们长大成人以后不仅在外表上极为相似，而且其基本心理和人格也惊人一致。其二，在相同条件下养育的同卵双生子，环境对他们的影响似乎很小。布沙尔等将他们的发现表述如下："到目前为止，在调查过的每一种行为特征，从反应时到宗教信仰，个体差异中的重要部分都与遗传有关。这一事实今后不应再成为争论的焦点，现在是该考虑它的意义的时候了。"

随后，许多研究者以布沙尔等所得的双生子数据资料为基础，完成了大量的相关研究。这些研究结果表明，基因对许多心理特征和行为的影响确实是很大的，超过了之前的预料。例如，有研究发现，基因不仅在很大程度上决定着人们对职业的选择，甚至当各种职业所要求的生理条件保持恒定时，在人们的工作满意度和职业道德方面大约仍有 30% 的变化源于遗传因素。

布沙尔的另一项研究把研究内容更直接地指向一些影响人一生的、稳定的人格特质。结果表明，人们在外倾—内倾、神经质和自觉性等特性上的变异可以更多地（65%）以遗传差异而非环境因素来解释。

当然，对布沙尔等的研究的批评意见也体现在多个方面。有的声称，这些研究者并没有尽可能完整地公布他们的研究数据，因此，不能独立地对他们的研究结果进行评价。还有，有很多研究报告表明布沙尔等没能考虑到的一些环境因素对双胞胎确实有重大影响。

最后，随着 DNA 分析技术的准确性的提高，那些对布沙尔等的研究结果质疑的研究者认为，应该使用 DNA 检验技术来验证双胞胎研究结果的有效性。布沙尔在评价了大量有关"先天—后天"的研究例证后总结道，从整体上看，人格中 40% 的变异和智力中 50% 的变异都以遗传为基础。

我国心理学家们认为，遗传对人的心理与行为肯定存在一定的影响，但也不能过分夸大遗传的作用；遗传只能提供心理与行为表现的自然前提和可能性，而环境和教育才规定其现实性。

✎ 画重点

1.基因和遗传对人的很多心理特征和行为存在巨大的影响。

2.遗传虽然决定了你是什么样的人，但是也不可过分夸大它的作用，而忽视了环境和教育的力量。

演好你的角色——角色定位

　　人生如戏，戏如人生。其实，每个人都是一个演员，在社会的大舞台上，扮演着各自的角色，做着每个角色应该做的事情。津巴多的"监狱"使我们看到了角色的致命威力。有时候，我们所扮演的角色正在以潜移默化的方式塑造着我们的行为，无形中我们变成了角色的奴隶，而不再是它的主人。

　　"角色"一词最先是戏剧中的一个专有名词，指戏剧舞台上剧中人物及其行为模式。英国戏剧家莎士比亚说："全世界是一个舞台，所有的男人和女人都是演员，他们各有自己的入口与出口，一个人在一生中扮演许多角色。"

　　社会学家们在分析社会互动的过程中发现，社会舞台与戏剧舞台具有某些相似之处，于是把戏剧中的"角色"概念借用到社会心理学和社会学中来，产生了"社会角色"概念。社会角色是个体与其社会地位、身份相一致的行为方式及相应的心理状态。它是对特定地位的个体行为的期待，是社会群体得以形成的基础。

　　美国著名心理学家戴维·迈尔斯曾提到：性别的社会化给了男孩子和女孩子不同的角色。社会赋予女孩子"根"，赋予男孩子"翅膀"。的确如此，尽管不同国家间的文化差异有时会很大，但是在任何一种文化中，女性都承担了更多的家务和养育后代的工作，而男性则更多地在外面的世界中闯荡。对于我们来说，上面所说的这些已经是生活中司空见惯的事情了，事实上，这是我们的社会为男性和女性规定的性别角色。

在现实生活中，与其说人们是作为个体生活在社会中，不如说我们是一个角色的动物。每天，我们都在按照社会文化所规定的角色行事。

在年迈的父母面前，我们是子女，平时受他们呵护，必要时也要照顾他们；

步入公共场所，我们是成年人，是整个社会的中坚力量；

面对上级，我们扮演着员工的角色，需要做的事情是努力工作，实现自己的价值；

在下属的眼里，我们是管理者，是主心骨，享受更多的权利，也承担更多的义务；

当我们结婚了，我们扮演着爱人的角色，我们享受爱情，也要呵护爱人与心爱的小家庭；

当我们有了孩子，作为父母，我们最重要的任务是培育好下一代……

每一个角色都赋予了我们特定的责任和内涵。

一个人如果对自己的角色认识不清，就会导致角色失调，必然对他的生活产生很大的影响。并不是每个人每个时候都能清楚并扮演好自己的社会角色的。人们在角色扮演过程中常常会产生矛盾、障碍甚至遭遇失败，这就是角色失调。心理学上将角色失调，分为角色冲突、角色不清、角色中断以及角色失败。

在职场这个大舞台中，每个身处其中的人都扮演着一种角色，这个角色规定了你的职责范围和权限，限定了你的定位。因此，要想让自己扮演的角色出彩儿就必须认清自己的角色，将自己的心理定位在和自己的角色相符的尺度上。这样，才能融入自己角色的心里，才能真正用心演好这个角色。

例如，面对上级，一定要有下级的心理定位，不能因为一时的得意而超越这种心理定位，尽量做到出力而不越位，避免"功高盖主"的现象发生。否则，一旦有了超越角色的心理作祟，你必将受到规则的惩罚。

很多年轻人，由于对社会不了解，对自身角色也没有一个清晰的认知，所以不能扮演好自己的社会角色，这严重影响了他们的正常生活。而要想让自己回归正常，年轻人需要对自己的社会角色有一个清晰、全面的认识，只有这样才能很好地理解角色的内涵，才能快速、顺利地实现角色的转换。当然，当大家的角色特别符合社会的期望时，就能更好地在这个社会上生存。

画重点

1. 在现实生活中，我们都在按照社会文化所规定的角色行事。

2. 在职场这个大舞台中，我们必须认清自己的角色，将自己的心理定位在和自己的角色相符的尺度上。

总有人和你对着干?

——心理学帮你洞察人心

俗话说："有人的地方就会有江湖。"

身为复杂社会的一员，

我们要想在江湖上混得好，

必须学一些心理学的知识，

懂得从他人的面部表情、身体语言、穿着打扮、打招呼的方式等方面入手，

窥探他人的内心，

这样我们才能在社交场合下，

应付自如，游刃有余！

你知道他的需求吗？——马斯洛效应

在人的各种需求中，生理需要是最基本的，再往上依次为安全、爱和归属、被尊重与自我实现的需要，这些都属于高层次的心理需要。

萧伯纳说过："生活有两个悲剧：一个是你的欲望得不到满足，另一个则是你的欲望得到了满足。"的确，人是有欲望，有需求的，而且这个欲望和需求永远得不到满足。美国著名的社会心理学家亚伯拉罕·马斯洛（Abraham H. Maslow）就针对人的需求提出了一个著名的理论：需求层次理论，人们又称它为马斯洛需求层次理论。

马斯洛需求层次理论由较低层次到较高层次依次把需求分成生理需求、安全需求、社交需求、尊重需求和自我实现需求五类。

第一，生理需求

这是人类维持自身生存的最基本要求，包括衣、食、住、行等方面的要求，是推动人们行动的最强大的动力。

第二，安全需求

包括人类对自身的人身安全、生活稳定以及免遭痛苦、威胁或疾病等方面的需求。

第三，社交需求

这一层次的需求包括两个方面的内容。一是友爱的需求，即友谊和爱情。二是归属的需求，即人都有一种归属于一个群体的感情。

第四，尊重的需求

人人都希望自己有稳定的社会地位，希望个人的能力和成就得到社会的承认。

第五，自我实现的需求

这是人类最高层次的需求，它是指实现个人理想、抱负，发挥个人能力到最大程度，以完成与自己能力相称的一切事情的需求。

马斯洛需求层次理论认为，任何一个人都有不同层次的需求，在满足了最基本的生存需求以后，人就会有更高层次的需求。马斯洛需求层次理论在一定程度上反映了人类行为和心理活动的共同规律，是人本主义心理学的重要理论，对心理学尤其是管理心理学有重要影响。

管理者在进行管理时，可根据马斯洛的需求层次理论，注意到下属不同层次的需求，采取适当的激励措施。

比如，在满足员工最基本的薪酬待遇的需求后，更应该用心了解员工的心理需求。事实上，心理需求更容易影响一个员工的工作效率。

美国马萨诸塞州巴莫尔的戴蒙德国际纸板箱厂，曾经一度因市场萎缩，引起工人的恐慌。65% 的员工感到管理层对员工不尊重，56% 的员工对工作感到悲观，79% 的员工认为他们没有得到因出色工作而该有的报偿。为此，管理层推出"100 分俱乐部"计划，即无论哪位员工，全年工作绩效高于平均水平的，则可得到相应分数，如安全无事故 20 分，全勤 25 分等，每年结算一次，并将结果送到每位员工家里，如分数达到 100 分，便可获一件印有公司标志和"100 分俱乐部"臂章的浅蓝色的夹克衫。

两年后，工厂生产率提高了 16.5%，质量差错率下降了 40%，员工不满意见减少了 72%，由于工业事故而损失的时间减少了 43.7%，工厂每年多创收 100 万美元利润。

到了年底评议时，86% 的员工认为管理层对员工很重视，81% 的员工感到自己的工作得到了承认，79% 的员工认为自己的工作与组织成果关系更密切了。

事实再一次证明，心理需求是工作动力的最大来源，人人都需要来自心理上的满足，得到被尊重、被信任和被重视的心理感觉。

那管理者怎样才能充分了解和把握员工的需求呢？前提是要在思想上引起高度重视：

一是换位思考。站在员工的角度来考虑，了解他们所处的环境和他们的真正感受；

二是运用内部营销的方法和技术。即把员工当作企业的内部顾客，运用营销调研技术，如一对一访谈、问卷调查、圆桌会议、实地观察等技术去了解员工的动机、情绪、信仰、价值观、潜在的恐惧和反抗等，以此准确了解和把握员工的情感、需求和欲望；

三是加强交流与沟通。建立内部正式的和非正式的互动式的沟通和反馈渠道，通过情感沟通，了解不同员工的不同需求，也了解不同时期的需求重点；

四是外部了解。通过对员工的家庭与亲戚朋友、企业顾客、供应商、离职员工的调查和访谈，来间接了解员工的真实情况。

当然，马斯洛需求层次理论不仅适用于管理者，也适用于我们普通人，通过这个理论，我们可以判定别人的内心需求，从而及时调整自己的行为，从而更好地与他人相处。

✎ 画重点

1. 马斯洛需求层次理论由较低层次到较高层次依次把需求分成生理需求、安全需求、社交需求、尊重需求和自我实现需求五类。

2. 人人都需要来自心理上的满足，得到被尊重、被信任和被重视的心理感觉。

四肢说话，眼神杀人——身体语言

　　　　一个简单的握手动作却暗藏影响世界格局的政治信息，一个无心的眼神交流已然决策千万级别的商务谈判，一个不经意的微笑转瞬间成交百万的销售大单……细微的身体语言蕴藏着巨大的魔力，在你不知不觉之间，胜负之局已定。

　　有一段时间，秘书小梅特别倒霉，做事总是犯错。有一次她去新经理办公室让他签署文件，结果小梅不小心碰翻了经理的茶杯，茶水弄湿了经理的衣服。她心里忐忑不安，暗自等待经理劈头盖脸的咒骂。可是经理一句话没说，只是冷冷地瞥了她一眼，示意她出去。

　　就在两个月前，小梅曾因工作上的一个失误，被原来的经理训了一顿，可她走出办公室后却一身轻松。而这次情况却完全不同，新任经理什么都没说，那不满的眼神反而让她心里直打鼓。她心里忐忑不安，一会儿担心被扣发奖金，一会儿担心被调离岗位。

　　有时候我们也会遇到这样的情况——大发雷霆的人反倒不教人害怕，而那种面无表情、仅仅冷冷一瞥的脸却让人不寒而栗。这是为什么呢？

　　人人都知道，语言是我们沟通的常用工具。语言是人类经历漫长的历史发展进程而形成的一种非常复杂的思想和情感的交流工具。我们一般都以为，它体现了人类作为万物灵长的独特功能。

　　除了语言，人类还有其他的交流工具，就是身体语言。比如一颦一笑，一个眼神，一个动作，都体现了某种情感，某种想法，某种态度。

那么哪一种交流方式起的作用更大，交流的信息更多呢？恐怕大多数人都会回答是语言。因为语言是人类所独有的、非常复杂，形成又经历了那么长的历史，应该为人类传递最多的信息。

可是事实并非如此。心理学家发现一个令人吃惊的事实，就是人类的沟通，更多的是通过他们的姿势、仪态、位置，以及同他人距离的远近等方式，而不是面对面的交谈进行的。确切地说，人际交流中 65% 以上，是以非语言方式，也就是通过身体语言进行的。

这听起来似乎令人难以置信，"难道我们每天滔滔不绝地聊天，还不如一举手一投足有用吗？"但这是事实。与口头语言不同，人类的身体语言表达大多是下意识的，是思想的真实反应，可能没有引起人们很大的注意，但是它在无声中，传递了比语言更多的信息。

这就是为什么小梅不害怕原来的经理，却担心新经理发难的原因了——因为原经理采用的有声语言，把自己的坏心情传达了出去，让小梅知道这件事已经结束了；可是新经理采用的"身体语言"，只表示了他的不满，至于怎样处理却表达得很模糊，让人不知道是既往不咎了，还是"等一会儿再收拾你"呢？

此外，身体语言还有一个优势，就是它的真实性。撒谎在生活中是司空见惯的，但是身体语言却不像有声语言那样容易蒙骗别人。因为身体语言体现的是人的下意识，是比较难以控制的。据说，公安机关使用的测谎仪根据的就是这个原理。

人可以"口是心非"，却很难做到"身是心非"。作为"心灵窗口"的眼睛，最能暴露一个人内心的秘密。如果一个人瞳孔扩大，眼睛大睁，就表明心里高兴，感觉良好；如果瞳孔缩小，就说明相反。当不太相信的时候，眼睛会眯缝起来。当说假话时，一般人不敢正视别人。

还有其他的一些身体语言，如果他一边说他已理解了你的意图，一边摸鼻子或拉耳朵，表明被你说的话弄糊涂了；如果他向上皱起眉头，表明他对你说的话感到惊讶；如果向下紧皱眉头，表明没有听明白或不喜欢你说的话；用手指敲打座椅的扶手或者是写字台桌面，表示心绪烦乱，不耐烦；双臂交叉搭在胸前，表示戒备，在心理上想离你远一点。

英国心理学家莫里斯经过研究，发现了一个有趣的现象："人体中越是远离大脑的部位，其可信度越大。"脸离大脑中枢最近而最不诚实。我们与别人相处，总是最注意他们的脸；而且我们也知道，别人这样注意我们，所以，人们都在借一颦一笑撒谎。再往下看，手位于人体的中间偏下，诚实度算中庸，人们多少利用它说过谎。可是脚远离大脑，绝大多数人都顾不上这个部位，于是，它比脸、手诚实得多。

总而言之，一个人的肢体语言，是其心理的外在表现。我们可以通过一个人的肢体语言，来判断他的内心活动，了解其真实意图，以此掌握人际关系的主动权，而不是对方说什么就信什么，这样很容易让自己离真相越来越远，从而被别人牵着鼻子走。

✎ 画重点

1. 一个人的身体语言，是其内心活动的外在表现。

2. 一个人的身体语言包括其头、眼、颈、手、肘、臂、身、胯、足等人体部位的协调活动。

内心世界的几何图——面部表情

在高明的观察者看来，每个人的脸上都挂着一张反映自己生理和精神状况的"海报"。狄德罗在他的《绘画论》一书中说过："一个人，他心灵的每一个活动都表现在他的脸上，刻画得很清晰，很明显。"

面部表情是人体态语言中最基本的一种，也是人们心灵的一面镜子。通过微笑、大笑、眨眼、瞪眼、变脸色、努嘴、吐舌、咂嘴、撇嘴、咬牙、抿嘴等表情，我们可以了解一个人的情绪和性格。

据美国心理学家保尔·埃克曼的研究，面部表情可分为最基本的六种：惊奇、高兴、愤怒、悲伤、藐视、害怕。他发现不管生活在世界上哪个角落的人，表达这最基本的六种感情的面部表情都是相同的。

他曾把一些白人的照片拿到新几内亚一个处于石器时代的部落中，那里的岛民与世隔绝，以前从未见过白人，但他们都能准确无误地说出照片上白人的各种表情是什么意思。

他还发现，生来就双目失明的人，虽然从未见过别人的面部表情，却能以同样的面部表情来表情达意。科学证明，面部表情是由7000多块肌肉控制的。这些肌肉的不同组合，甚至能使人同时表达两种感情，如生气和藐视，愤怒加厌恶等。

通过一个人的面部表情可以看穿一个人的心理，看透他是什么样的人。因为每个人的表情后面是他的生活经历、学识修养、心态人格。

我们所说的脸面不仅是指人的长相，主要是指面部表情。人体中的面部是内部统一的表面尺度，同时也是在精神上获得完整的整体美的关键。因为从面部最丰富的精神性表现中，可以看出人的心灵变化。面部结构不可能脱离精神，因为它就是精神的直观表现。面容是精神的体现，也是个性的象征，它与躯体有着明显的区别。面部很容易表现出柔情、胆怯、微笑、憎恨诸多感情谱系，它是"观察内心世界的几何图"，也是艺术最具有审美特性的地方。

而身体相对于面部，尤其相对于眼睛而言，却居于较次要的地位，尽管它也可以通过动作和造型来表达情感，如手的造型等，但仍然是不足以与面部相比拟的。因为面部与躯体就犹如心灵和表象、隐秘和暴露那样存在着本质的差异。

我们说的"脸色"，也不是指静态的长相，而是指动态的面部表情。面部表情是一种丰富的人生姿态、交际艺术。不同的人的脸色，又可以成为一种风情、一种身份、一种教养、一种气质特征和一种表现能力。比如：

脸上泛红晕，一般是羞涩或激动的表示；脸色发青发白是生气、愤怒或受了惊吓而异常紧张的表示。脸上的眉毛、眼睛、鼻子和嘴，更能表示极为丰富细致而又微妙多变的神情。皱眉一般表示不同意、烦恼，甚至是盛怒；扬眉一般表示兴奋、惊奇等多种感情；眉毛闪动一般表示欢迎或加强语气；耸眉的动作比闪动慢，眉毛扬起后短暂停留再降下，表示惊讶或悲伤。

在面部表情上，对于嘴的作用不可轻视。嘴的表情达意一般如此，值得注意的是，人们大都懂得眼睛很会说话，而对于嘴的作用有点轻视。美国的一位心理学家为了研究比较眼和嘴表情的作用，他将许多表现某种情绪的照片横切之后再综合复制，比如把表现痛苦的眼睛和一张表现欢乐的嘴配合在一起。实验结果，他发现观看照片者受嘴的表情的影响远甚于受眼的影响，也就是说，嘴比眼能表现出更多的情绪。问题倒不在于嘴与眼相比，谁的表现力更强，而在于我们的嘴不出声就会"说话"，让我们看看嘴唇的"表情"：

　　嘴唇闭拢，表示和谐宁静、端庄自然；嘴唇半开，表示疑问、奇怪、有点惊讶，如果全开就表示惊骇；嘴唇向上，表示善意、礼貌、喜悦；嘴唇向下，表示痛苦悲伤、无可奈何；嘴唇嘬着，表示生气、不满意；嘴唇紧绷，表示愤怒、对抗或决心已定。

　　可见，面部表情能够传达多么复杂而微妙的信息，让你洞穿对方心理。

　　创立了原子论的古希腊哲学家德谟克里特，被后人誉为唯物论的鼻祖。有一天，德谟克里特在街上偶然遇见一位熟识的姑娘，德谟克里特和她打了一声招呼："姑娘，你好！"

　　第二天，德谟克里特再一次碰到与昨天同样打扮的那位姑娘时，却这样招呼道："这……这……太太，你好！"一语道破之后，他便转身离去。

　　一夜之间成为"太太"的那位姑娘被德谟克里特看穿时，脸上恐怕要涌上害羞的潮红了。那么，德谟克里特是如何看穿那位姑娘"一夜之间变成太太"的呢？这是他仔细观察那位姑娘的脸色、眼睛的活动情况、面部表情及走路的姿态等一系列举止的结果。

　　据说，德谟克里特有时正吃着鲜美可口的瓜果，会突然从房间里跳出来，跑到地里去搞清楚瓜果为什么这么好吃。他就是具有如此强烈的探索精神和敏锐的观察力，所以才会具有如此神奇的本领。

　　现实中，我们虽然没有德谟克里特那般敏锐的眼睛，但是也可以通过努力的学习和长期的实践获得一些识人辨人的本领。通过面部表情，我们能够判断出别人的情感状态和行为意图，这种洞察人心的技能可以帮助我们更好地理解和影响他人。

✐ 画重点

　　1. 面部表情是心灵脸谱。一个人的面部表情背后往往隐藏着人内心的秘密。

　　2. 面部表情包括眼神、眉毛、嘴唇和颧骨等部位的动作和变化。

衣服是思想的形象——穿着打扮

随着社会的进步与发展，当代人的穿着打扮也复杂多样起来。衣服的款式与色调越来越丰富，也越来越能张扬个性、体现个性。心理专家认为，不同的个性就有不同的穿着打扮，人们只要留心观察，就会从各式各样的服饰中窥探一个人的秘密，了解他的心理状况、审美特色，从而进一步把握其性格特征。

衣服不仅仅是一个人物质的享受，更是其个性、思想、精神的外在体现。我们通过一个人的穿着能看出他的个性与品格。

一般认为，喜欢穿着朴素、大方的人，性格比较沉着、稳重；为人真诚厚道，工作、学习很认真，办事原则性强，具有高度的责任心；工作起来踏实能干，比较含蓄，不爱张扬；遇事沉着冷静，理智处理。但这类人的不足是，太过于本分，没有创新能力，缺少魄力。

而喜欢穿单一色调衣服的人，大多比较正直、刚强；理性思维较强，感性思维较弱。

爱穿浅颜色衣服的人，个性比较开朗、活泼；表达能力较好，擅长交际。

经常穿深颜色衣服的人，不太爱说话，性格比较稳重，显得很有城府，很老练；遇事冷静，深谋远虑，一般人很难与他耍心机。

而喜欢五颜六色、款式独特衣服的人，往往虚荣心比较强，爱成为外人注目的焦点，爱表现、张扬；但太趋于流俗，缺少秀美的成分。这类人特别任性，不听他人的意见，有独断专行的特点。他们爱自作聪明，往往把事情搞得更糟糕。

经常穿过于高档华丽的衣服的人，也是有很强的虚荣心，并且自我显示欲、金钱欲很强，是金钱主义的典型物质崇拜者。

穿流行时装的人，他们的衣服跟着时尚走，流行什么就穿什么，毫无自己的主见，也没有自己明确的审美观。这类人情绪波动大，多具有朝秦暮楚的个性，不易守本分。

那些根据自己的喜好选择服装与款式，不受外界干扰的人，一般独立性比较强，有超人的判断力与决策力；并具有很强的自主性与毅力，一旦制定了自己的目标，就努力完成，不达目的誓不罢休。

经常穿同一款式衣服的人，性格大多比较直率、爽朗，对自己有很强的自信心。这类人态度端正、是非分明；做事认真负责，大胆果断，显得非常干脆利落；对人很讲义气，很遵守诺言；但有时候有清高自傲的特点。这类人自我意识比较强，立场很难改变。

喜欢改换衣服的人以女性居多。她们的衣服特别多，一天能换好几次。这类人爱炫耀，爱张扬，特别挑剔；待人不够真诚，做事是个完美主义者。

喜欢穿无袖汗衫的人，他们的性格比较奔放、放荡不羁；但对人十分随和、亲切。这类人目标不大，爱顾眼前利益，有享乐主义色彩；做事率性而为，不墨守成规、我行我素，喜欢突破、创新；自主意识比较强，常常以个人的好恶来评判一切。你如果损害了他们的正当利益，他们毫不手软，会讨回公道，决不姑息。

经常穿长袖衣服的人，个性比较传统守旧，为人处世喜欢循规蹈矩；对新事物持排斥态度，没有创新精神。这类人热衷于争名逐利，把自己的人生理想定得很高；但是吃苦耐劳，适应能力比较强，即使在很艰苦的条件下照样能干出一番事业，所以很受人尊重。这类人爱当领导，喜欢夸奖，很注重自己在他人心目中的形象，言谈举止都很讲究，衣着很严肃，很庄重。

穿宽松自然衣服的人多是内向型的。他们自我意识特别强，常常以自我为中心，比较孤僻，不愿与别人共处，爱独来独往。这类人大多很孤独，有时也想和别人交往，但总不能接受别人的缺点与不足，最终还是成为孤独者；做事也缺乏信心与魄力，但比较聪明，思想有比较独特的见解。

爱穿紧身衣服的人，虽然喜欢穿有约束的衣服，但性格是很开放不拘的；最不愿意受约束，常有叛逆心理，但力量微弱，容易被世俗的势力打倒，想超脱又做不到。这类人做事比较干净利落，生活很检点；女性的话会很温柔，富有同情心。

穿衣服很不讲究，马虎邋遢的人，往往缺乏机密性与逻辑性，但很有实力。他们富有积极性，对工作认真负责，待人热情，从事某项工作说到做到，有始有终；但缺点就是不喜欢别人指出自己的缺点，极爱面子。你一旦在面子上与他过不去，他就会对你有报复心理。所以，你要谨慎地与这类人打交道，因为他们心胸比较狭窄。

郭沫若曾说："服装是文化的表征，衣裳是思想的形象。"作为人的第二皮肤，服装能非常清晰地表现出人的性格和心理状态。我们要善于抓住这一点洞察人心，从而有效处理复杂的人际关系。

✎ 画重点

1. 一个人的穿着打扮是其个性、思想、精神的外在体现。

2. 想要了解一个人的心理，我们可以从对方所穿的衣服入手。从对方的穿着风格，可看到其表面背后隐藏的真实心理。

你们的距离有多远——打招呼的方式

打招呼是人们见面时最简便、最直接的礼节，是人人都需要实施的行为，极具普遍性，在日常生活中出现的频率极高。打招呼的方式因人而异，从打招呼和应答的方式中，都可以或多或少地反映出人的性格。

在人们的日常社会活动中，打招呼是一件司空见惯的事情。打招呼既可以表达礼貌，联络感情，也可以从中洞察他人的内心活动和性格特征。行为心理学家弗拉杰博士举出的几种常见的招呼语，每一种均可揭示出说话者的性格特征：

"你好"——这种人头脑冷静得近乎保守，对待工作勤勤恳恳，一丝不苟，能够控制自己的感情，不喜欢大惊小怪，深得朋友们的信赖。

"喂！"——此类人快乐活泼，精力充沛，渴望受人倾慕，直率坦白，思维敏捷，富于创造性，具有良好的幽默感，并善于听取不同的见解。

"嗨！"——此类人腼腆害羞，多愁善感，极易陷入为难的境地，经常由于担心出错而不敢做出新的尝试。但有时也很热情，讨人喜爱，当跟家里人或知心朋友在一块儿时尤其如此；晚上宁肯同心爱的人待在家中，而不愿外出消磨时光。

"过来呀！"——此类人办事果断，乐于与他人共享自己的感情和思想，好冒险，不过能及时从失败中吸取教训。

"看到你真高兴。"——此类人性格开朗，待人热情、谦逊，喜欢参与各种各样的事情，而不是袖手旁观。这类人是十足的乐观主义者，常常沉于幻想，容易感情用事。

"有啥新鲜事？"——这种人雄心勃勃，凡事都爱刨根问底，弄个究竟，热衷于追求物质享受并为此不遗余力。办事计划周密，有条不紊；遇事时宁愿洗耳恭听，也不便表态。

"你怎么样？"——这类人喜欢抛头露面，利用各种机会出风头，惹人注意；对自己充满了自信，但又时时陷入沉默。行动之前，喜欢反复考虑，不轻易采取行动；一旦接受了一项任务，就会全力以赴地投身其中，不圆满完成，决不罢休。

弗拉杰博士同时指出，打招呼时双方身体的距离，可显示出双方心理上的距离。

我们相互打招呼的时候，若能观察对方与自己之间保持的距离，就会洞察对方心理状态的特点。比如对方在打招呼的时候，故意后退两三步，也许他自己认为这是一种礼貌，表示谦虚，然而这种小动作往往让人误解是冷漠的表现，以致引不起话题，同时也难以开怀畅谈。像这种有意拉长距离的人可视为警戒心、谦虚、顾忌等情感的表现。

有些人在打招呼时，一直凝视着对方的眼睛来点头，其心理是利用打招呼，来推测对方心理状态，并含有对对方保持戒心，企图比对方优越的表现。

心理专家建议，要想和这种人接近，应特别注意诚意。若在这种人前暴露自己的缺点，则会被对方瞧不起，所以不能操之过急，应采取长时间接近法。

和上面提到的人相反，还有一些人在打招呼时从来不看对方的眼睛。如果你注意对方的眼睛打招呼，而对方不看你的眼睛就做应答招呼，那并不是看不起人——往往是因为怕生人而胆小，或有强烈的自卑感，在此时如同"被蛇看上的青蛙"。那么，你切记不要做那条"蛇"，这样双方才能平等、互相了解。

有些人出人意料，在初次见面时就能很随便地打招呼，容易被人认为很轻浮——其实这种人往往很寂寞，非常希望与别人接近。去酒吧或俱乐部时，有些女士发现，虽然是初次见面，但坐在自己旁边的男士却很亲热地与自己交谈，这事实上是为了使当场状况变得有利于他。

当遇到"见面熟"的男性时，女性要特别小心，切勿使男性有机可乘。这种男性的性格大方，罗曼蒂克，是个滥情家，性情懦弱，迷恋女性，且其中不乏游手好闲之徒。

还有些人，经常在一起工作，甚至一起喝过无数次酒，但每次见面还是千篇一律地打招呼。这种人，大都具有自我防卫的性格。

有的人，接到你的礼物时会说，"真谢谢，不要这么客气"。这么表现是人之常情；但有些人收到礼物时，却佯装不知道。

当你不知道送给对方的礼物收到没有时，接受礼物的人见到你后还是淡然地说，"你早"。如此简单的话舍不得多说几句。等旁边没有人时，他会说："前些天，收到了你送的礼物，谢谢你"。这种人多占据重要的位置，所以自己的言谈不能太随便。在工作场所，除与工作有关的事情外，其他废话不必多说。

另有一些人，在工作岗位上，虽然看来非常认真，私下却非常喜欢娱乐，这样的人表里反差强，对出人头地、名誉非常看重。

此外，通过双方握手的方法，也可看出对方的性格：

握手时，使劲握对方手的人，其性格主动、刚强，而且充满着自信；握手时不使劲的人，则个性较为软弱，且缺乏魄力；在舞会等交际场合，频频与初识者握手的人，是自我表现欲强的人和社交能力强的人；握手时掌心出汗的人，大都易于冲动、心态失去平衡；握手时先凝视对方，然后再握手的人，则是希望对方心理处于劣势地位的人。

总而言之，打招呼不只是一种生活的礼仪形式，更是洞察人心的一种有效途径。生活中善于观察的人总能从招呼入手，侦察到对方的语言动作背后的潜在需求，从而更好地做出应对之策。

✑ 画重点

1.打招呼的方式因人而异。一个人的打招呼方式，可以反映出其性格和内心。

2.打招呼是洞察人心的一种有效途径。通过观察对方打招呼的方式，我们能够看透他人的心思，洞察其内心活动。

想给别人留下好印象？

——心理学使你左右逢源

不带怒气出门，
不带怨气处事，
不带烦恼睡觉，
不带急性办事，
清醒时做事，
心烦时静心。
糊涂时沉淀，
大怒时自控。
每天懂一点人情世故，
不生气，不抱怨，不失态，
获得做人做事的护身符。

初次见面，请多关照——首因定律

　　心理学研究发现，与一个人初次会面，45秒钟内就能产生首因效应。并且这种先入为主的首因效应是人的普遍的主观性倾向，会直接影响到以后的一系列行为。

　　一个新闻系的毕业生到某报社找工作。见到总编之后，他问总编："你们需要一个编辑吗？"

　　总编摇了摇头。

　　"那么记者呢？"

　　总编又摇了摇头。

　　"那么排字工人、校对呢？"

　　总编告诉他，报社目前所有的职位都不存在空缺。

　　"那么，你们一定需要这个东西。"说着他从公文包中拿出一块精致的小牌子，上面写着"额满，暂不雇用"。

　　总编看了看牌子，微笑着点了点头，然后让他加入了广告部。

　　这个大学生通过自己制作的牌子，表现了自己的机智和乐观，给总编留下了美好的"第一印象"，引起对方极大的兴趣，从而为自己赢得了一份满意的工作。

　　当我们进入一个新环境，参加面试，或与某人第一次打交道的时候，常常会听到这样的忠告："要注意你给别人的第一印象噢！"

　　第一印象，又称为初次印象，指两个素不相识的陌生人第一次见面时所获的的印象。那么，第一印象真的有那么重要，以至在今后很长时间内都会影响别人对你的看法吗？

心理学上有一个规律，在和比较陌生的人交往中，他给我们的早期往往比较深刻。有这样一个心理学实验证明了这个规律。

心理学家设计了两段文字，描写一个叫吉姆的男孩一天的活动。其中一段将吉姆描写成一个活泼外向的人：他与朋友一起上学，与熟人聊天，与刚认识不久等女孩打招呼等；而另一段则将他描写成一个内向的人。研究者让有的人先阅读描写吉姆外向的文字，再阅读描写他内向的文字；而让另一些人先阅读描写吉姆内向的文字，后阅读描写他外向的文字，然后请所有的人都来评价吉姆的性格特征。

结果，先阅读外向文字的人中，有78%人评价吉姆热情外向，而先阅读内向文字的人，则只有18%的人认为吉姆热情外向。可见，人们在不知不觉中，倾向于根据最先接受到的信息来形成对别人的印象。

由此可见，第一印象真的很重要！人们对你形成的某种第一印象，通常难以改变。而且，人们还会寻找更多的理由去支持这种印象。有的时候，尽管你表现的特征并不符合原先留给别人的印象，人们在很长一段时间里仍然要坚持对你的最初评价。第一印象在人们交往时所产生的这种先入为主的作用，被叫作首因定律。

其实，人类有一种特性，就是对任何堪称"第一"的事物都具有天生的兴趣并有着极强的记忆能力。承认第一，却无视第二。不经意地你就能列出许许多多的第一。如世界第一高峰，中国第一个皇帝，美国第一个总统，第一个登上月球的人，等等，可是紧随其后的第二呢？你可能就说不上几个。

在生活中，人同样对第一情有独钟，你会记住第一任老师，第一天上班，初恋，等等，但对第二就没什么深刻的印象。这就是"首因定律"的表现。

因此，我们要特别注意给别人的第一印象，要争取在第一次亮相的时候，就显出最有光彩的自己。

第一，注重仪表风度

通常，人们都愿意同衣着干净整齐、落落大方的人接触和交往。

第二，注意言谈举止

言辞幽默，侃侃而谈，不卑不亢，举止优雅，定会给人留下难以忘怀的好印象。另外，要重视自己的涵养，丰富自己的头脑。一个学识渊博、对问题有独到见解、对事情有果断的处理能力、礼节有度的人更能征服他人的心。当然这要靠日积月累的磨砺，通过你的言谈举止、仪表风度等，在与人交往的每时每刻透露出来，影响他人对你的印象和判断。

首因定律告诉我们，第一印象是最鲜明、最牢固的，并且决定着以后双方交往的进程。所以，我们一定要准确地把握它，从而为维护自己良好的人际关系开一个好头。

✎ **画重点**

1.在与人交往时，我们一定要遵循首因定律，这样才能给人留下一个好印象，从而为后续的和谐相处打好基础。

2.第一印象真的很重要。为此，我们需要注重自己的仪表风度、言谈举止，这样才能给人留下一个好的印象。

审美岂能疲劳？——近因定律

近因定律提醒我们在人际交往中，不能依靠吃老本，要时刻注意近期的表现，时刻注意保持已经树立起来的形象。

在生活中，我们常常有这样一种体会：总是记得最近发生的"新"事情，而之前发生的"旧"事情总是忘得一干二净。换句话说，新近的信息比以前得到的信息对于交往活动有更大影响，突然的一个"信息"会使人们早已习惯的认识和印象发生质的飞跃，这和首因定律正好相反，在心理学上叫作"近因定律"。

那么首因定律和近因定律岂不是自相矛盾？其实，它们并不矛盾，而是各自有着适用的范围。心理学家告诉我们，一般的，当两种矛盾的信息连续出现时，首因定律突出，而当两种矛盾的信息间断出现时，近因定律更为明显；在与陌生人交往时，首因定律影响较大，而在与熟人交往时，近因定律则有较大影响。

生活中有许多近因效应的例子。比如某人犯了一个错误，人们便改变了对这个人的一贯看法。

某电视台著名节目主持人，一生声名卓著，到了晚年却晚节不保，因为一桩私生活的丑闻而败坏了一世名声，就是近因定律的作用。在朋友交往中，有时多年的友谊会因一次小别扭或误会而告终；夫妻之间吵架，一气之下，可能全忘记了对方过去的好处和恩爱，只想着离婚，这也是近因定律"惹的祸"。

民政部门似乎对近因定律有所了解，所以在夫妻来办理离婚的时候，往往会劝他们先冷静一段时间考虑考虑，再来办不迟。结果很多夫妻回去仔细一考虑，又想起了对方的种种好处，又不想离了。

近因效应还有一个表现就是，在人与人交往的过程中，往往最后的一句话决定整句话的调子。比如，老师跟学生说："随便考上一个学校，该没有什么问题吧？虽然录取率那么低。"或者说："虽然录取率那么低，总能考上一个学校吧？"这两句话的意思是一样的，只因语句排列的顺序不同，给人的印象却全然不同。前者给人留下悲观的印象，后者则给人乐观的印象。

曾国藩有一个有趣的故事，证明了这个效应。曾国藩在最初和太平军的交锋中，一直处于劣势，于是在奏折中称自己"屡战屡败"。但他幕下的一个师爷看了说，不要这样写，而将四个字的位置调动了一下，变成了"屡败屡战"。曾国藩恍然大悟，把奏折改了过来，交了上去。结果一个"常败将军"的形象变成了"败而不馁"、坚忍不拔的形象。

因为这个规律的存在，老师批评学生或上级批评下属时，也应该注意语句的先后顺序，尽可能使它产生一个良好的近因效应。比如在进行严厉批评后，我们不要忘了安抚对方的情绪："……也许，我的话讲得重一点，但愿你能理解我的一番苦心。""……很抱歉，刚才我太激动了，希望你能好好加油！"用这种话作结束语，被批评者就会有受勉励之感，认为这一番批评虽然严厉了一点，但都是为他好的。

近因定律提醒我们在人际交往中，不能依靠吃老本，要时刻注意近期的表现，时刻注意保持已经树立起来的形象。

平时在和老朋友交往中，每一次交往都要认真对待，特别是每一次交往最后几分钟的音容笑貌。由于是老朋友，就没有什么首因定律可言了，而到底哪一次交往能发生近因定律，却是无法预料的。只要有一次表现得有点异样或特别，那么，过去的表现可能就会大打折扣甚至一笔勾销。因此，每一次交往都得小心行事，不能因为是老朋友就"忘乎所以"。

近因定律揭示了人类喜新厌旧的本性。这个定律提醒我们任何关系都有保质期，而要想不让彼此之间的关系"过期"，那就要做好"保险"工作，尤其是对于一对生活很久的夫妻，更容易产生审美疲劳。当近因定律作祟，看彼此不似当初那般美好时，不妨追忆往昔，想想过往的恩爱和感动，巩固一下彼此的情谊。

🖉 画重点

1. 首因定律和近因定律并不矛盾，它们各自有适用的范围。

2. 近因定律提醒我们在人际交往中，要时刻注意近期的表现，时刻注意保持已经树立起来的形象。

优势互补，皆大欢喜——互补定律

互补定律和相似定律并不矛盾。因为差异并不一定都
能形成互补，而互补性的前提是交往双方都得到满足。

如果你是一个善于观察的人，就会发现在生活中很多性格相似，
有共同爱好的人往往能相互吸引，彼此靠近。可这并不意味着那些
在需要、兴趣、气质、性格、能力、特长和思想观念等方面有差异
的人就不会互相吸引，互相需求。

相反，那些彼此之间差异较大的人，因为双方的需要和满足途
径正好是互补关系，所以他们能够建立起较为亲密的关系。这在心
理学上被认定为"互补定律"。

互补定律和心理学的另外一个定律——相似定律并不矛盾。因
为差异并不一定都能形成互补。互补性的前提是，交往双方都得到
满足，如果不能满足这一要求，那么相反的特性就不能够产生互补，
甚至还产生厌恶和排斥。比如高雅和庸俗、庄重和轻浮、真诚和虚
伪等等，这些就只能造成"道不同者，不相为谋"。

或者说，形成相似的那些条件，往往是大的方面，比如人生观、
为人处世原则、人生追求等等。这些如果不同，就难以理解，不容
易吸引。而形成互补的，往往是相对较小的方面，比较具体的特征。
就像人们常说的："该相似的地方相似，该互补的地方互补。"

互补一般可分为两种情况。一种是交往中的一方能满足另一方
的某种需要，或者弥补某种短处，那么前者就会对后者产生吸引力。

如能力强、有某种特长、思维活跃的人，对能力差、无特长、思维迟缓的人来说，就具有吸引力；依赖性特别强的人愿意和独立的人在一起；脾气暴躁的人和脾气温和的人能够成为好朋友；支配型的人和服从型的人能够结为秦晋之好，试想，如果两个都是支配性的人结为夫妻，那家中还能有太平吗？

互补的另一种情况是：因为别人的某一特点满足了你的理想，而增加了你对他的喜欢程度。比如一个看重学历的人，自己又没有拿高学历的机会，会很看重高学历的朋友，等等。

任何人都与生俱来地具有一些缺点，而且性格不是那么容易改变。为了弥补自己的不足，我们往往在寻求生活伴侣和事业伙伴时，注意寻找能弥补自己缺点的人。

如小张是一个好与人争辩道理且十分任性的人，他找的是一个大大咧咧的老婆。小张之所以喜欢她，是因为她能够让小张从容地依照自己的步调行事，不和他较真，让他很安心。

在事业的合作上，寻找和自己互补的人是非常重要的。

最初，比尔·盖茨亲手经营微软公司，时间长了，他逐渐发现自己在管理方面能力的欠缺，并且他真正的兴趣是在软件开发上，所以日益感到分身乏术，力不从心，工作兴趣也下降了很多。这使他逐渐认识到管理方面应需要有专门的人才来为他打理，于是他后来找到了大学时的同学鲍尔默。鲍尔默正好是管理方面的天才。他热情万丈，善于影响别人，善于调动职工的积极性，在管理者位置上如鱼得水。

对于比尔·盖茨来说烦琐乏味的管理工作，对于鲍尔默而言却是乐趣无穷。这就形成了很好的互补关系，强强联合，缔造了辉煌的成功。

总而言之，人们对自己缺乏的特质会有一种饥渴心理。在互补定律的作用下，双方可以各取所得，共同合作。大家一定要善用这种定律，从而实现自身利益的最大化。

✎ 画重点

1.互补定律和相似定律并不矛盾，它们往往彼此依存，共同存在。

2.利用互补定律，具有差异的双方能够在交往中取长补短，获得一定程度的满足感。

得人好处会想着回报——互惠定律

中国古代讲究礼尚往来，也是互惠定律的表现。这似乎是人类行为不成文的规则。

在第一次世界大战中，德国特种兵接到上级的一个任务：深入敌后去抓俘虏回来审讯。

当时打的是堑壕战，大队人马要想穿过两军对垒前沿的无人区是十分困难的。但是一个士兵悄悄爬过去，溜进敌人的战壕，相对来说就比较容易了。参战双方都有这方面的特种兵，经常会去抓一个敌军的士兵，带回来审讯。

有一个德军特种兵以前曾多次成功完成这样的任务，这次他又出发了。他很熟练地穿过两军之间的地域，出乎意料地出现在敌军战壕中。

一个落单的士兵正在吃东西，毫无戒备，一下子就被缴了械。他手中还举着刚才正在吃的面包，这时，他本能把一些面包递给对面突然而降的敌人。这也许是他一生做得最正确的一件事了。

面前的德国兵忽然被这个举动打动了，并导致了他奇特的行为——他没有俘虏这个敌军士兵，而是自己回去了，虽然他知道回去后上司会大发雷霆。

这个德国兵为什么这么容易就被一块面包打动呢？人的心理其实很微妙的。人一般有一种心理，就是得到别人的好处或好意后，就想要回报对方。虽然德国兵从对手那里得到的只是一块面包，或者他根本没有要那个面包，但是他感受到了对方对他的一种善意，即使这善意中包含着一种恳求。但这毕竟是一种善意，是很自然地表达出来的，在一瞬间打动了他。他在心里觉得，无论如何不能把一个对自己好的人当俘虏抓回去，甚至要了他的命。

其实这个德国兵不知不觉地受到了心理学上"互惠定律"的左右。这种得到对方的恩惠，就一定要报答的心理，就是"互惠定律"，这是人类社会中一个根深蒂固的行为准则。

一位心理学教授做过一个小小的实验，证明了这个定律。他在一群素不相识的人中随机抽样，给挑选出来的人寄去了圣诞卡片。虽然他也估计会有一些回音，却没有想到大部分收到卡片的人都给他回了一张。而其实他们都不认识他啊！

给他回赠卡片的人，根本就没有想到过打听一下这个陌生的教授到底是谁。他们收到卡片，自动就回赠了一张。也许他们想，可能自己忘了这个教授是谁了，或者这个教授有什么原因才给自己寄卡片。不管怎样，自己不能欠人家的情，要给人家回寄一张，总是没有错的。

这个实验虽小，却证明了互惠定律的作用。当从别人那里得到好处，我们总觉得应该回报对方。如果一个人帮了我们一次忙，我们也会帮他一次，或者给他送礼品，或请他吃饭。如果别人记住了我们的生日，并送我们礼品，我们对他也会这么做。

一个人向朋友请教一件事，两人聚会吃饭，那么账单就理所当然应由请教人的这个人付，因为他是有求于人的一方。如果他不懂这个道理，反而让对方付，就很不得体。

在不是很熟悉的朋友之间，你求别人办事，如果没有及时地回报，下一次又求人家，就显得不太自然。因为人家会怀疑你是否有回报的意识，是否感激他对你的付出？及时地回报，可以表明自己是知恩图报的人，有利于相互的继续交往。

而且如果不及时回报，会给你带来一些麻烦。你一直欠着这个情，如果对方突然有一件事反过来求你，而你又觉得不太好办的话，就很难拒绝了。俗话说："受人一饭，听人使唤。"可以说，为了保持一定的自由，你最好不要欠人情债。

当然，在关系很亲密的朋友之间，就不一定要马上回报，那样可能反而显得生疏。但也不等于不回报，只是时间可能拖得长一些，或有机会再回报。

朋友间维护友谊遵循着互惠定律，爱情也是如此。其实世上没有绝对无私奉献的爱情，不像歌里和诗里表现的那样。爱情也是讲求互惠互利的，双方需要保持一个利益的平衡。如果平衡被严重打破，就可能导致关系破裂。

总而言之，做人不要总想着占别人的便宜，因为你占得了一时，占不了一世，时间久了反而会被别人讨厌和疏远，我们只有遵循互惠定律，才能在人际交往中左右逢源，受到他人的欢迎。

📝 画重点

1. "互惠定律"是人类社会中根深蒂固的一个行为准则。

2. 利用互惠定律，我们可以在人际交往中左右逢源，构建强大的人际关系。

给上级留下好印象——尊重效应

作为下级，你的所作所为，会直接影响你留给上级的
印象。

在与人打交道的时候，尊重是标配。它既体现了一个人的内在
修养，也反映了一个人对另一个人的认同、信任和在乎。尤其当你
是一个下属时，为了给上级留下一个好印象，你首先养成尊重领导
的好习惯，因为许多成功的机会也都蕴藏在"尊重效应"之中。

那么具体如何尊重领导呢？以下是四个实用的建议：

第一，上级的话你一定要听

泰勒在《政治家》一书中写道："专心致志地听就是一种最安全
而且最灵验的奉承形式。一个人能做出自己洗耳恭听的样子，他就
具有了获得人们好感的才能。"显然这种倾听本身就很有价值，但
是，当他带来理想的心理反应时，就会变得更加有效。

上级发表讲演，当他一坐下来你就鼓掌，他会把你的敬意当作
是一般的礼节；但是，过了一会儿，你让他知道，你被他讲演中的
某些动人之处所吸引。这时，你也许会以为他很快会淡忘了此事，
其实不然，他会将你的赞扬长时间地铭记在心，甚至当你对他的讲
演已经印象淡薄时，他还会念念不忘。

即使上级谈的都是一些老调，也要倾耳凝听，时而给予表示共
鸣或钦佩的应和，绝不可有一丝不耐烦的神态。前面说过，这种部
下是最被赏识的。

上级多少都有对下属训话谈经验的心理欲望，不妨做个忠实的"听众"来听他高谈阔论，对这种肯比别人更用心"聆"听上级言论的下属，上级自然会给他更多的信任与超乎事实以上的评价。事实上，人们对那些肯听自己发言的对象都会具有好感的。

聆听上级谈话时，在听讲中要随时露出感动、认同的表情，偶尔重复上级的话语，请求其给予更详细的说明解释。开始时会有点别扭，几次后，自然就会适应了。

总之，不论时间、不论场所，上级有所吩咐，一定要心悦诚服地以明快的声音和态度来应答，这是对领导尊重的一种具体体现。

第二，做个关心上级的下属

对那种给自己关心的人，谁都会给予好感并且愿意与之为伍的。同样，一个肯随时关心上级生活的下属，在上级眼中毋宁是最值得给予擢升的部下。因此为人下属者，一定不要吝惜这种探问平安的电话。当然，这种问候必须注意到时效性。

第三，在公开场合给上级留足面子

在上级的眼里，如果自己的下属在公开场合使自己下不了台，丢了面子，那么这个下属肯定是对自己抱有敌意或成见，甚至有可能是有组织、有预谋地公开发难。正如一位心理学家所说的那样："人们都喜欢喜欢他的人，人们都不喜欢不喜欢他的人。"这样，在公开场合不给领导留面子的结果便是，领导要么给予以牙还牙的还击，通过行使权威来找回面子；要么便怀恨在心，以秋后算账的方式慢慢报复。

第四，要多做少说

一旦你得到上级指示要做一件事时，出于对上级的尊重和重视，你要先考虑如何把这件事做得比预期的更圆满。你要在内心问自己："我要是做得比要求的更多，是不是更有用。"如果是，你就该这样做。

另外，还要注意随时随地抓紧机会表示自己对他忠心耿耿，永远站在上级这一边。以你的态度说明一个事实：我是你的好朋友，我会尽己所能支持你。不要以为上级很愚笨，如果你真的努力这样做，他看在眼里，一定会很明白你的意思，对你日渐产生好感。听到公司有什么谣言或传闻，不妨悄悄地转告上级，以示你的忠心。不过，你的措辞与表达方式须特别注意，说话简明、直接最为理想，比如你告诉上级："不知你有没有听过这消息，不过，我想你会有兴趣知道……"上级愿意选择你为他的下属，他对你的印象自然不差，你必须摒除对上级的偏见，事事替他着想。

总而言之，能够在人际关系中混得风生水起的人，绝对不是以我为核心，而是时刻把尊重挂在心中，尤其是对领导，这样才能让你在一众普通人中脱颖而出，从而获得更多接近成功的机会。

✐ 画重点

1.养成尊重领导的好习惯，许多成功的机会都蕴藏在"尊重效应"之中。

2.尊重上级要做到四点：上级的话你一定要听、做个关心上级的下属、在公开场合给上级留足面子、要多做少说，这样才能够在人际关系中混得风生水起。

做善解人意的管理者——沟通定律

> 善解人意就是善于察言观色，揣摩别人的心理状态，
> 想对方之所想，急对方之所急。善解人意，体贴别人。

尤·邦达列夫说过："谁能谅解人，谁就能拯救人。"在人际沟通中，做一个善解人意的人，可以帮别人避免很多尴尬的瞬间，也可以让自己获得好人缘，从而成为一个受人欢迎的人。

据说，莎士比亚就具有善解人意的神奇能力。在和人交往的过程中，他就像一条变色龙，能根据交往对象的不同特点，随机应变。文学批评家威廉·哈兹里特指出："莎士比亚完全不具有自我，他除了不是莎士比亚之外，可以是其他任何人，或是任何别人希望他成为的人。他不仅具备每一种才能以及每一种感觉的幼芽，而且他能借着每一次的命运改换，或每一次的情感冲突，或每一次的思想转变，本能地预料到它们会向何方生长，而他就能随着这些幼芽延伸到所有可以想象得出的枝节。"

作为一个管理者，在与下属沟通交流时，一定发挥莎士比亚的这种能力——善解人意，以便在下属的心里树立一个良好的形象。

就以最平常不过的沟通来说，有的下属可能会感到紧张、拘谨，这时候，管理者就应善解人意，以主动的姿态，真诚的态度，风趣的言谈，制造出和谐轻松的气氛，消除对方的紧张心理，缩短彼此的心理距离。这样既建立起管理者平易近人的形象，又能使下级受到鼓舞，把管理者视为知己，从而敞开思想，以心交心。

而在工作中，如果下属由于某种心理障碍造成工作进程出现问题时，一个高明的管理者绝不会妄加训斥，而是为下属排忧解难。

新来的家电推销员小丁性格内向，而他的工作又要求他必须积极主动。这天，主管大志适时地向他讲清楚道理，告诉他胆怯和恐惧是自然的。大志告诉小丁，只要他愿意付出汗水，心态积极的话，那么他肯定就能成为他自己所想成为的那种积极主动的员工。同时，大志还向他讲述了一些别人是如何克服了胆怯和恐惧的事例。并向小丁建议：经常向自己说一句自我激励的话。

在大志的帮助下，小丁通过这种自我激励的方式活跃起来，很快成为一名成功的推销员。

不可否认的是，谁都有缺点，谁都有软弱的一面。事实上，恐惧通常只有当员工面对新情况或者做一件从来没有做过的工作时才会产生。聪明的管理者在沟通的时候，一不会嘲笑员工，二不会蔑视员工，他们总是客观地看待员工的"恐惧"，积极帮助员工尽快走出恐惧的阴影，令"当事者"感激涕零，"旁观者""窃"喜在心。相信长期如此，员工们的恐惧肯定会一天天消逝。有如此善解人意的管理者，"我还怕什么？"而这又怎能不诱使他们一个个成为努力奋发、不知疲倦的员工呢？毕竟，这使他们可以无后顾之忧地大胆施才，放心创新，甚至可以与管理者一争高低。

总之，善解人意是一个优良的品质，是一个完美的心理特征。管理者借此可以与下属交心，拉近彼此的心理距离，让员工心甘情愿、死心塌地地为自己工作。具体来说，要注意三点：

第一，了解下级，便是要了解下级的工作需要得到什么帮助和支持；了解下级的心理特征和情绪变化，以利于调动其积极性。

第二，尊重下级。表现在支持下级和肯定下级的工作。对下级的意见和建议要认真听取、采纳；对下级所取得的成绩要及时肯定；尊重下级的劳动，对下级的工作要给予支持。

第三，要求下级完成任务时，要弄清下级可能遇到哪些困难，单凭他的力量是否能顺利完成。

　　一个领导者在与下属打交道时，遵守善解人意的沟通定律，可以轻松获得下属的认可、尊重和赞赏，也可以激发他们工作的热情，从而你的业绩蹭蹭上涨。

✎ 画重点

　　1.领导者在与下属交心的时候，可遵守善解人意的沟通定律，拉近彼此的心理距离，培养下属的忠诚度。

　　2.与下属打交道，上级要了解下属、尊重下属、协助下属，这样上下级才能齐心协力，共创佳绩。

用赞美去满足员工——保龄球效应

> 人人都爱听称赞的话，关键是要赞美得恰到好处，合了他人的口味，这样才能顺风顺水，扶摇直上。

在与人交往的过程中，学会赞美是一件非常必要的事情。适当的赞美是处理好人际关系的润滑剂，它能让你的社交关系非常顺滑，也能帮你激发一个人的潜能和积极配合的愿望。

两名保龄球教练分别训练各自的队员。他们的队员都是一球打倒了 8 只瓶。

教练甲对自己的队员说："很好！打倒了 8 只。"他的队员听了教练的赞扬很受鼓舞，心里想，下次一定再加把劲，把剩下的 2 只也打倒。

教练乙则对他的队员说："怎么搞的！还有 2 只没打倒。"队员听了教练的指责，心里很不服气，暗想，你咋就看不见我已经打倒的那 8 只。

结果，教练甲训练的队员成绩不断上升，教练乙训练的队员打得一次不如一次。

这就是著名的保龄球效应。赞美和鼓励可以使人备受鼓舞，充分发挥本能的潜力，越来越好；指责和批评则会使人气馁，产生挫折感和抵触情绪，越来越差。

美国著名企业家玛丽·凯·阿什认为："要成为一个优秀的管理人员，你必须了解赞美别人可以使人成功的价值。赞美是一种有效而且不可思议的推动力量。"国外很多企业家都很重视赞美的作用，使用各种方式去表扬职工、下级，用口头的、书面的、精神的、物质的种种方法去调动他们的积极性。赞美使人意识到自己的价值，可以增强个人的自信心。一个人每个小成绩都能引起别人的注意，他就会有信心去尝试更困难的工作。

赞美是一种有力的心理暗示，他的力量是惊人的。哈佛大学专家斯金诺的实验充分地肯定了这一点。他认为，赞美不仅仅是奖赏，它是和一些行为的发生相联系的东西，它有着促使某种行为重新出现的趋向。当动物的大脑接收到鼓励的刺激，大脑皮层兴奋中心调动起各个系统的"积极性"，潜在的力量能动地变成了现实，行为就会发生改变。

管理者应该认识到，任何时候都可以赞美别人，赞美对别人来说，就像荒漠中的甘泉。对能干的员工你可以称赞他的才干，对尽心尽力才完成最低定额的职工，应该称赞他的精神，对勇于创新的人，应该称赞他的开拓精神。工作中需要赞美的场合很多，赞美对自己、对他人的影响都是积极的。因为赞美使对方的心里感到愉快，而因为能使对方愉快，自己也会感到愉快。

遗憾的是人们对于司空见惯的事太不注意，没有意识到他们的需要，更没有意识到你可能是唯一能满足对方这种需要而又不费吹灰之力的人。有人说，赞美是一小笔投资，只需片刻的思索与工夫就能得到意想不到的报酬。这话有些道理，但似乎又有太多的实用主义的味道。赞美不应该仅仅为了报酬，它应该是沟通情感、表示理解的方式，如同微笑一样，也是照在人们心灵上的阳光。马克·吐温说："靠一句美好的赞扬我们能活上两个月。"

但是很多时候，管理者却不太注意适时地给予赞美，对别人的工作成绩表现得过于冷静。认为干得好是理所当然的，应该如此，而且以为每个人都应达到同样的水平，忽视了个人之间的种种差异，忽视了个人在取得成绩的过程中所付出的努力。一般说，能力强的人，这种管理心理会在无形中挫伤别人的积极性。

之所以出现这种情况，原因很多。没有意识到正面激励对人的促进作用，在工作中就会忽视赞美的作用。这样的管理者可能严格有余而鼓励不足。莎士比亚说过："我们得到的赞扬就是我们的工薪。"从这个意义上说，每个人都是别人"工薪"的支付者。管理者也应该慷慨地把这笔"工薪"支付给应得的人。我们平时听到的最多的牢骚是什么？不是"太累了"或"太苦了"，而是"干了这么多，谁也没说个好字"。类似的牢骚很能说明问题，人们需要得到"工薪"，而应付"工薪"的人又太吝啬了。

美国钢铁大王安德鲁·卡内基选拔的第一任总裁查尔斯·史考伯说："我认为，我那能够使员工鼓舞起来的能力，是我所拥有的最大资产。而使一个人发挥最大能力的方法，是赞赏和鼓励。"

"再也没有比上司的批评更能抹杀一个人的雄心。……我赞成鼓励别人工作。因此我乐于称赞，而讨厌挑错。如果我喜欢什么的话，就是我诚于嘉许，宽于称道。"

"我在世界各地见到许多大人物，还没有发现任何人——不论他多么伟大，地位多么崇高——不是在被赞许的情况下，比在被批评的情况下工作成绩更佳、更卖力气的。"

所以，作为一个有抱负的管理者，不论对任何人，都应该根据他的实际情况，看到他的贡献和新的起点，给予真诚的赞美。每个人都需要赞美，主管人员应该善于发现机会，及时给予。赞美之所以对人的行为能产生深刻影响，是因为它满足了人的较高层次的需要。一般说，高层次的需求是不易满足的，而赞美的话语，部分地给予了满足。这是一种有效的内在性激励，可以激发和保持行动的主动性和积极性。

当然，作为鼓励手段，它应该与物质奖励结合起来。行为科学研究指出，物质鼓励的作用（如资金），其作用将随着使用的时间而递减，特别是在收入水平提高的情况下，更是如此。

在现实生活中，每个人都渴望得到他人的精神鼓励，所以聪明的管理者懂得把握人性，重视赞美的作用，并正确地运用它，从而使自己在职场中左右逢源，四处借力，最终获得很大的成功。

✎ 画重点

1.保龄球效应告诉我们：在与人交往的过程中，要学会赞美他人，这样才能激发其潜能和积极配合的愿望。

2.作为一种鼓励手段，赞美可以与物质奖励结合起来，这样可以收到更好的激励效果。

人生是一场修行

——心理学让你处事不惊

为什么高手都是没有情绪的？
仔细观察周围那些动不动就生气的人，
会发现他们中没有一个是智者，
那些生活一团糟的人总是容易愤怒，
但所有的愤怒都是愚蠢的。
高手的心里只有一件事，那就是解决问题。
如果一种方法不行，他们会尝试其他方法，
而不是被情绪左右。
情绪只会制造问题，而不能解决问题。
没有人能掌控你的情绪，
只有你自己才能掌控自己的情绪，
每个人都有自己的故事，
只是他们都学会了控制自己的情绪，
现在是你生命中最好的年纪，
身体健康，亲人仍然在身边，
需要记住的是，除了生死之外无大事。

看准时机再行动——审时度势

莎士比亚曾经写道："人间万事都有一个涨潮时刻，如果把握住潮头，就会领你走向好运。"一旦你明确了"看准时机"的重要意义，你就会朝着这个目标而努力。

有位记者曾经问好莱坞著名演员查尔斯·科伯恩一个问题："一个人如果要想成大事，最需要的是什么？大脑？精力？还是教育？"

查尔斯·科伯恩摇摇头。"这些东西都可以帮助你成大事。但是我觉得有一件事甚至更为重要，那就是：看准时机。"

"这个时机，"他接着说，"就是行动——或者按兵不动，说话——或是缄默不语的时机。在舞台上，每个演员都知道，把握时间是最重要的因素。我相信生活中它也是个关键。如果你掌握了审时度势的艺术，在你的婚姻、你的工作以及与他人的关系上，就不必去追求幸福和成大事，它们会自动找上门来！"

科伯恩是正确的。如果你能学会在时机来临时识别它，在时机溜走之前就采取行动，再繁杂的问题都会大大简化。

把自己的目标深深地埋在心里，然后静待时机，也是职场智慧的体现之一。

某公司调来了一位新主管，大多数的员工很兴奋，因为据说新来的主管是一个能人，所以被派来专门整顿业务。

可是，日子一天天过去，新来的主管却毫无作为，每天彬彬有礼地走进办公室，然后便躲在里面难得出门。那些紧张得要死的懒员工，现在反而更猖獗了。"他哪里是个能人，根本就是个老好人，比以前的主管更容易唬"，大家几乎都这么认为。

三个月过去了，新来的主管却发威了，工作不合格的员工一律开除，能者则获得提升。下手之快，断事之准，与三个月中表现保守的他，简直像换了一个人。

年终聚餐时，新来的主管在酒后致辞：相信大家对我新上任后的表现和后来的大刀阔斧一定感到不解，现在听我说个故事，各位就明白了：

我有一位朋友，买了栋带着大院的房子，他一搬进去，就对院子全面整顿，杂草杂树一律清除，改种自己新买的花卉。

某日，原先的房主回访，进门大吃一惊地问，那些名贵的牡丹哪里去了。我这位朋友才发现，他居然把牡丹当成野草给割了，他很后悔，觉得自己不该不分良莠一起除掉了。后来他又买了一栋房子，虽然院子更是杂乱，他却是按兵不动，果然冬天以为是杂树的植物，春天里开了繁花；春天以为是野草的，夏天却是花团锦簇；半年都没有动静的小树，秋天居然红了叶。

直到暮秋，他才认清哪些是无用的植物而大力铲除，并使所有珍贵的草木得以保存。

说到这儿，主管举起杯来："让我敬在座的每一位！如果这个办公室是个花园，你们就是其间的珍木，珍木不可能一年到头都开花结果，只有经过长期的观察才认得出来啊。"

这位新来的主管是真正懂得做大事的人。他能在新来的三个月中充分地摸清底细，熟悉办公室的环境和员工的能力大小，然后再在合适的时机，采取重大的措施，实施自己的管理方案。既保证了公司的精英员工得到重用，也清除了公司的不合格的员工。

许多人以为会看时机是一种天分，是生来就具备的能力，就像是具有音乐细胞的耳朵一样。但事实并非如此，观察那些似乎有幸具备这种天分的人，你会发现这是一种任何人只要努力培养就能获得的技能。

要具备看准时机的能力，就应注意以下几点：

第一，学会忍耐

你必须明白，欲速则不达。当你被愤怒、恐惧、嫉妒或者怨恨的漩涡所驱使时，千万不要做什么或者说什么。

第二，增强自己的预见能力

未来并不是一本关闭上了的书，大多数将要发生的事都是由正在发生的事所决定的。所以，要对当前的形势和情况做准确的分析和把握，设计今后的计划和方案，预测计划和方案的可行性。

俗话说："出门看天色，进门看脸色。"一个懂得审时度势的人，能够看清当下的时局，并能根据实际情况做出合理的应对之策。这既是一种智慧，更是一种能力。拥有这种能力，可以让人在纷繁复杂的社交关系中处变不惊，沉着应对。

✎ 画重点

1.聪明的智者懂得把自己的目标深深地埋在心里，然后静待时机，等到时机来临，准确识别它，紧紧抓住它，这样再繁杂的问题也会大大简化。

2.要想提升自己审时度势的能力，我们首先要学会忍耐，其次要增强自己的预见能力。

希望改变命运——积极主动

> 你若希望，你就年轻；你若绝望，你就衰老。
>
> ——美国五星上将麦克阿瑟

梭罗说："最令人鼓舞的事实，莫过于人类确实能主动努力以提升生命价值。"当一个人处于生活的低谷时，一定要保持积极主动的心态，只有这样才能使你释放出几近神奇的能量，从而改变人生的困境。

艾森豪威尔 13 岁时曾遭遇过一场几乎毁了他一生的灾难。有一天，在放学回家的路上，他不小心摔了一跤，当时只是擦破了一点皮，连疼痛的感觉都没有。可到了晚上，那膝盖突然疼了起来。他毫不理会这疼痛，默默地忍受着，没有告诉任何人。第二天早晨，他的腿已经疼得非常厉害，但他仍照例按时起床，吃完早饭，喂好牲口，然后若无其事地去上学。

第三天早晨，他的腿疼得连走路都十分困难，更无法去牲口棚喂牲口了。他母亲发现了，看到他那条肿得不能脱下靴子和袜子的腿，伤心地哭了："你怎么不早说呢？"母亲一边用刀把靴子和袜子从他的脚上割下来，一边哭喊着："快去叫医生来！"医生看了那条腿，连连摇头："太晚了，只能锯掉这条腿了。""不！"男孩大叫起来，"我不让你锯，除非我死！"

医生无奈地离开了房间，男孩忍着伤痛，对他哥哥说："如果我神志不清的话，千万不要让他们锯我的腿。你要替我发誓，发誓！"

哥哥答应了他的要求，两天两夜一直守护在他身旁。他的体温越来越高，并开始胡言乱语。但他还是没有任何退让的迹象，嘴里咬着毛巾，不让自己疼得叫出声来。全家人都守在他的身边，含着眼泪看着他痛苦而顽强地挣扎着。

医生一次次过来，又一次次回去。最后，出于一种无助而又无奈的气愤，医生大喝一声："你们都在看他死！"可是，奇迹偏偏在不久后发生了。当医生又一次过来时，他看到了一个惊人的变化，那条腿的肿胀正在消退。三个星期后，男孩终于战胜了腿残和死亡的危险，奇迹般地站了起来。

这次能奇迹般地从灾难中站立起来，对艾森豪威尔的一生来说，意义非常重大，这也是他人生中最大的两个转折点之一，另一个转折点是他后来当选了美国总统。

拥有希望，就能改变命运。让心中充满上进的力量，慢慢培养自己坚韧的个性，顽强的精神，逐渐成为自己希望成为的样子，这其实也是一个令人享受的过程，没有什么比看着镜中的自己一天天成长更高兴的事情了。

每天给自己一个希望，会让你更加自信，会让你等到幸运的降临。

我们每一个人的头脑、身体也是一样，它们可以做到的极限，完全取决于我们需要它们做什么：内心的希望越大，它们的本领就会越强。

在人生的旅途中，我们常常会遭遇各种挫折和失败，会身陷某些意想不到的困境。这时，不要轻易地说自己什么都没了，其实只要心灵不熄灭信念的圣火，努力地去寻找，总会找到能渡过难关的那"一个苹果"。攥紧信念的"苹果"，就没有穿不过的风雨、涉不过的险途。

积极主动这个词最早是由著名心理学家维克托·弗兰克推介给大众的。弗兰克本人就是一个积极主动、永不向困难低头，积极改变自己命运的典型。

弗兰克原本是一位受弗洛伊德心理学派影响颇深的决定论心理学家，但在纳粹集中营里经历了一段凄惨的岁月后，他开创了独具一格的心理学流派。

弗兰克的父母、妻子、兄弟都死于纳粹魔掌，而他本人则在纳粹集中营里受到严刑拷打。有一天，他赤身独处于囚室之中，突然有了一种全新的感受——也许，正是集中营里的恶劣环境让他猛然警醒："即使是在极端恶劣的环境里，人们也会拥有一种最后的自由，那就是选择自己的态度的自由。"

弗兰克的意思是说，一个人即使是在极端痛苦、无助的时候，依然可以自行决定他的人生态度。在最为艰苦的岁月里，弗兰克选择了积极向上的态度。他没有悲观绝望，反而在脑海中设想，自己获释以后该如何站在讲台上，把这一段痛苦的经历讲给自己的学生听。

消极被动的人总是在等待命运安排或贵人相助。对一件事情，他们总认为是事情找上他们，而自己无法主导或推动事情的进展。积极主动的人对自己总是有一份责任感，认为命运操纵在自己的手里，自己可以主导事情的发生和发展。

有一个人，他22岁做生意失败；23岁竞选议员失败；24岁重入商海再次失败，而且赔得一无所有；39岁再次竞选国会议员又再次失败；46岁竞选参议员失败；47岁竞选副总统失败；49岁再次竞选参议员又再次失败。而他的生活信念是：永不言败。他始终相信他终有一天会成功的。最终，他在51岁时竞选总统成功，干成了一番永垂史册的伟业，成为美国历史上与开国元首华盛顿齐名的最伟大的总统。他就是亚伯拉罕·林肯。

人生的道路不可能一帆风顺，德国哲学家尼采如是说："假若一切的梯子使你失败，你必须在自己的头上学习攀登"；法国思想家卢梭说："信念是抱着坚定不移的希望与信赖，奔赴伟大荣誉之路的热烈感情"。的确如此，古今中外，凡成功者，都是始终"抱着坚定不移的希望和信赖"，永不屈服于失败的厄运，坦然面对困难与挫折，在坚定不移的信念支撑下，勇敢地战胜了各种风浪，困难和艰险，"在自己的头上学习攀登"，才最终到达了成功的彼岸。

因此，无论任何时候，请你保持积极主动的心态，主动创造对自己有利的环境，而不要一味选择在困局中躺平，只有这样才能在人生的惊涛骇浪中处变不惊，也只有这样才能改变自己的命运。

画重点

1.一个人内心的希望越大，越容易改变自己的命运。

2.积极主动的人可以主导事情的发生和发展，也可以将命运操纵在自己的手里。

换个角度看问题——情绪困扰

> 有一句禅语叫掬水月在手。月亮太高，凡人的力量难
> 以企及，但是换个角度、换个思路，掬一捧水，月亮美丽
> 的脸就会笑在掌心。

美国心理学家艾里斯曾提出一个叫"情绪困扰"的理论。他认为，引起人们情绪结果的因素不是事件本身，而是个人的信念。所以，许多在现实中遭遇挫折的人，往往认为"自己倒霉"，"想不通"，这些其实都是个人的片面认识和解释，正是这种认识才产生了情绪的困扰。

实际情况是，人们的烦恼和不快，常常同自己看问题的角度有关。能否战胜挫折，关键在于任何情况下都能找到理性看待事物的视角，不被一时的失意和不快左右，永远怀着希望和信心，就能从逆境和灾难中解脱出来。

概而言之，任何事情都不是绝对的，就看你怎么去对待它。换个角度看问题，常能海阔天空。生活中，许多人也许习惯了抱怨，但我们必须清醒地认识到，每个人都会有不尽如人意的地方。我们不妨跳出习惯的认知模式去看，你会发现，你自己什么也不缺，你应该羡慕你自己。

有个年轻人为贫所困，便向一位心理学家请教。老者问："你为什么失意呢？"

年轻人说："我总是这样穷。""你怎么能说自己穷呢？你还这么

年轻。""年轻又不能当饭吃。"年轻人说。心理学家一笑："那么，给你一万元，让你瘫痪在床，你干吗？""不干。""把全世界的财富都给你，但你必须现在死去，你愿意吗？""我都死了，要全世界的财富干什么？"心理学家说："这就对了，你现在这么年轻，生命力旺盛，就等于拥有全世界最宝贵的财富，又怎能说自己穷呢？'

年轻人一听，又找回了对生活的信心。

任何一个困难都是可以解决的，一个问题就是一个矛盾的存在，而每一个矛盾只要找到了合适的中介点，都可以把矛盾的双方统一。这个中介点在不停地变幻，它总是在与那些处在痛苦中的人玩游戏。转换看问题的角度，就是不能用一种方式去看所有的问题和问题的所有方面。如果那样，你肯定会钻进一个死胡同，离那个中介点越来越远，处在混乱的矛盾中而不能自拔。

活着是需要睿智的。如果你不够睿智，那至少可以豁达。以乐观、豁达、体谅的心态看问题，就会看出事物美好的一面；以悲观、狭隘、苛刻的心态去看问题，你会觉得世界一片灰暗。

有一位银行家，在51岁的时候，财富高达数百万美元，而到52岁的时候，他失去了所有的财富，而且背上了一大堆债务。面临巨大打击，他没有颓废也没有悲观失望，而是决定要东山再起。不久，他又积累了巨额的财富。当他还清最后300个债务人的欠款后，这位金融家实现了他的承诺。

有人问他，他的第二笔财富是怎样积累起来的。他回答说："这很简单，因为我从来没有改变从父母身上继承下来的个性，就是积极乐观。从我早期谋生开始，我就认为要以充满希望的一面来看待万事万物，从来不要在阴影的笼罩下生活。我总是有理由让自己相信，实际的情况比一般人设想和尖刻批评的情况要好得多。我相信，我们的社会到处都是财富，只要去工作就一定会发现财富、获得财富。这就是我生活成功的秘密，记住：总是要看到事物阳光灿烂的一面。

这个世界应该更加光明、更加美好，如果人们懂得保持快乐是他们的责任，懂得开开心心地完成自己的职责也是他们的责任，那么，这个世界就会美妙多了。每天都快乐地生活，也是让别人幸福的最好保证。"

换个角度看问题，暂时的失败，只是上帝见你太辛苦，特意让你静下心来，慢慢地把关键之处想清楚，不久的将来，让你品尝到更大的幸福与甜蜜。你的生活是幸福还是抑郁，关键就在学会换个角度看问题，换个角度，就是给心情一把调节的钥匙，前进中，你就永远不会迷失自己。

换个角度看问题，是一种突破、一种解脱、一种超越、一种高层次的淡泊宁静，从而获得自由自在的乐趣；转一个角度看世界，世界无限宽大；换一种立场待人事，人事无不轻安。换个角度看人生，你就会从容坦然地面对生活。当痛苦袭来的时候，不会悲观气馁，而是寻找痛苦的成因、教训及战胜痛苦的方法，勇敢地面对多舛的人生。

活着需要睿智，需要洒脱，如果这些你做不到，至少还可以勇敢。生活也许到处都是障碍，同时也到处都是通途，只需大胆地向前走。

生活中懂得换位思考的人，能够用全面的、发展的眼光看待问题，能够领悟到得与失的真谛，也敢于承担责任，改正自身的不足。所以，这类人遇事能处变不惊，从容冷静，从而成大功、立大业、做大事。

📝 画重点

1.人们的烦恼和不快，常常同自己看问题的角度有关。能否战胜挫折，关键看你是否找到理性看待事物的视角，并且从逆境和灾难中解脱出来。

2.换个角度看问题，是一种突破、一种解脱，更是一种处变不惊的智慧。

时来运转的关键——缔造人脉

法国亿而富机油前总裁，每年都定下目标，要与一千个人交换名片，并跟其中的两百个人保持联络，五十个人成为朋友……其实，职业和事业上的贵人就在身边，关键是要有人脉资源经营的意识，用心寻找，用心经营。

美国著名杂志《人际》曾经在发刊词中写了这样一段话：

"如果不信，你可以回忆以往的一些经验，就会发现原本你以为是自己独立完成的事，事实上背后都有别人的帮助。因此，在社交场合你应该尽量表露真正的自我与自己真正的才华，它们将会给你许多有用的建议。绝不可低估人脉的力量，否则将白白失去许多有利的帮助之力。"

一个人的发展道路不可能一马平川，坎坎坷坷是自然的事。如何将这些坎坷踏平？假设没有运气，那可能要重复愚公移山的话题；可如果有运气的爱戴，那你的路则可能又是另一番风景，不能说平步青云也至少走了捷径。那这个运气又是谁赐予你的呢？

美国大牌影星迈克尔·道格拉斯年轻时落魄潦倒。包括许多知名大导演在内，没有人认为他会成为明星，更没有人会想到他能有今天的成功。事情的缘由还要回到迈克尔·道格拉斯乘火车的时候，旁边坐着一位女士，漫漫旅途，时间难以打发，于是，迈克尔·道格拉斯便主动与身边的女士攀谈起来。没想到这一聊就给迈克尔带来了扭转乾坤的运气，从此，他的人生开始改变。没过几天，迈克尔·道格拉斯被邀请到制片厂报到——原来，这位女士是位知名制片人。迈克尔·道格拉斯因为结交了这位女制片人，沟通了人脉，才获得了一个良好的展现表演才能的机会，一切美梦才成真。

可见，人脉的力量是巨大的。"大"在何处？任何一个人不管能力有多强，如果在他的人生道路上，没有幸运女神的光临，要想办成一件事会比登天还难，其中会有很多的不如意是你想都不敢想的。

如果你希望自己在成功的路上快马扬鞭，毫无疑问，人脉必不可少。实际上，所谓的"走运"多半是由畅通的人脉带来的。一个能认同你的做法、想法与你的才华的人，一定会在将来的某一天为你带来好运。

究竟谁会对你伸出援助之手？这个问题没有人能够猜得到答案。从心理学角度只能这么说：任何人都有可能成为对你施予援手的友人，他可能是你工作上的伙伴或上司，可能是学校里的同学，甚至有可能是一位从不曾相识的陌生人。但一般来说，人脉的范围愈广，则开创成功未来的概率愈大。

就人脉这方面来看，运气往往是从你意想不到的地方降临的，譬如你的顾客、同事，或朋友的朋友，等等。

法国小说家莫泊桑是 19 世纪著名的批判现实主义作家。他的《羊脂球》《俊友》和《项链》等许多优秀作品至今广为流传。小时候的莫泊桑是个调皮捣蛋的学生，曾因盗窃被学校开除。后来，文学巨匠福楼拜发现了莫泊桑的文学天赋，并将他引向文学的正道，莫泊桑因此得以永载史册。

莫泊桑出生于法国北部的诺曼底。父母在他幼年时分居，由母亲抚养成人。普法战争结束后，莫泊桑服兵役来到巴黎，先后担任海军部和文化部的公职。在此期间，他去拜访了母亲的朋友——著名作家福楼拜，并成为福楼拜的正式弟子。

福楼拜以一部《包法利夫人》奠定了自己在文坛的地位，他一直想找一个有培养前途的高足。莫泊桑则一直想找一个德高才高的恩师。两人在彼此的渴望中相遇，结为师徒也就很自然了。此后在福楼拜的指导下，莫泊桑勤奋写作。在那漫长的 7 年中，每逢星期日，莫泊桑就带了诗稿、剧本和小说来找福楼拜求教，当面看着恩师怎样用蓝铅笔修改他的稿子。

在亲密的交往中，福楼拜教给莫泊桑一个达到文学成就的三重定理："观察，观察，再观察。"后来，莫泊桑发表短篇小说《羊脂球》，这部作品受到福楼拜极大的赞赏，从此莫泊桑在法国文坛站稳了脚跟。又过了三年，莫泊桑的《一生》发表，得到俄国大作家托尔斯泰的肯定，成为世界性的当红作家。

虽然莫泊桑因病早逝，只活了 43 岁，但他创作了 6 部长篇小说、3 部游记和 270 篇短篇小说，在世界文坛有很高的地位。在莫泊桑的成长历程中，很显然，他的成功受益于恩师的点拨与提携。如果没有福楼拜的引导和悉心指教，他很难取得如此成就。

有时候，通往成功的道路上，人脉比知识更重要。它是一个人通往财富、成功的入门票。因此，我们要想方设法积攒自己的人脉，让人脉为你修路搭桥，这样才能在人际关系中得心应手，处变不惊。

✎ 画重点

1.人脉是一个人通往财富、成功的门票。

2.步入职场，我们要有人脉资源经营的意识，用心寻找，用心经营，这样才能在成功的路上快马扬鞭。

不良心态容易伤身——告别忧虑

　　诺贝尔生理学或医学奖得主亚历克西·卡雷尔博士曾经说过:"无法处理忧虑的企业主管,往往英年早逝。"事实上,这句话对任何人都适用。

　　现代人长期处于高压的工作状态之下,久而久之,如果这种压力得不到宣泄,就很容易产生忧虑的情绪。诺贝尔生理学或医学奖的获得者亚历克西·卡雷尔博士说:"不知道抗拒忧虑的人都会短命而死。"忧虑是禁锢人心灵的枷锁,困扰人们不能在现实的世界中调适自我,只能渐渐退缩到自己的小天地里,来逃避忧虑。

　　著名的海彬医师在美国医师协会年会上宣读的一份报告中指出,他研究的176位平均年龄四十四点三岁的企业主管,约有三分之一的主管受到紧张所引起的三种病痛的困扰——心脏病、消化性溃疡以及高血压。想想看,三分之一的企业主管在活到四十五岁前就受到这些毛病的折磨。成功的代价何其高昂!可悲的是还换不到真正的成功,你能想象一位以胃溃疡或心脏病换取成就的人是真正的成功者吗?一个人失去健康,即使赢得全世界又有什么用?即使他拥有全世界,他一个人也只能睡一张床,一天也不过吃三餐。

　　一位世界知名的烟商在加拿大森林中只不过从事一点休闲活动,即因心脏衰竭而亡。他家财万贯却活不过六十一岁。大概所谓的事业成功是以他的寿命换来的。

　　忧虑像一个恶魔,它到处作乱,使人们不能在现实的世界中调适自我，只能像躲避瘟神一样躲避它。恐惧使你忧虑，忧虑使你紧张，并影响到你胃部的神经，使胃里的胃液由正常变为不正常，因此就容易产生胃溃疡。

在谈到忧虑对人的影响时，一位医生说，有 70% 的人只要能够消除他们的恐惧和忧虑，病就会自然好起来。

约瑟夫·蒙塔格博士曾写过一本《神经性胃病》的书，他也说过同样的话："胃溃疡的产生，不是因为你吃了什么而导致的，而是因为你忧愁些什么。"

忧虑也容易导致神经和精神问题。著名的梅奥兄弟宣布，在病床上躺着患有神经病的人，在强力的显微镜下，以最现代的方法来检查他们的神经时，发现大部分都非常健康。

他们"神经上的毛病"，都不是因为神经本身有什么异常，而是因为情绪上有悲观、烦躁、焦急、忧虑、恐惧、挫败、颓丧等情形。

医学已经大量消除了可怕的、由细菌所引起的疾病。可是，医学界一直还不能治疗精神和身体上，那些不是由细菌所引起的、而是由于情绪上的忧虑、恐惧、憎恨、烦躁以及绝望所引起的病症。这种情绪性疾病所引起的灾难正日渐增加，日渐广泛，而且速度快得惊人。

精神失常的原因何在？没有人知道全部的答案。可是在大多数情况下，极可能是由恐惧和忧虑造成的。焦虑和烦躁不安的人，多半不能适应现实生活，而跟周围的环境隔断了所有的关系，退缩到自己的梦想世界，以此解决他所忧虑的问题。

"让自己忙着"这一件简单的事情，就能够把忧虑赶出去。心理学上一条最基本的定律就是：一心不能二用。人们不可能既激动、热诚地去想令人兴奋的事情，又与此同时陷入忧虑当中。

"没有时间去忧虑"，这是丘吉尔在战事紧张、每天要工作 18 个小时的时候说的话。当别人问他是否为自己肩负的重任而忧虑时，丘吉尔说："我太忙了，没有时间去忧虑。"

"让他们忙着"这句话，曾被医生用来治疗心理上的精神衰弱症。除了睡觉的时间外，每一分钟都让这些在精神上受到打击的人充满了活动，比如钓鱼、打猎、打篮球、打高尔夫球、种花以及跳舞等等，根本不让他们有时间闲着。

有许多刚被查出有癌症的病人，本来依靠及时的治疗是完全可以控制住的，但他们就会不断地忧虑，认为自己好景不长，于是就真的如他们所设想的一样了。

忧虑不仅会令我们这样的普通人生病，它甚至会使最强壮的人生病。在美国南北战争的最后几天中，格兰特将军发现了这一点。故事是这样的：

格兰特围攻里奇蒙德有 9 个月之久，李将军手下衣衫不整、饥饿不堪的部队被打败了。有一次，好几个兵团的人都开了小差。其余的人在他们的帐篷里开会祈祷——叫着、哭着，看到了种种幻象。眼看战争就要结束了，李将军手下的人放火烧了里奇蒙德的棉花和烟草仓库，也烧了兵工厂，然后在烈焰升腾的黑夜里弃城而逃。格兰特乘胜追击，从左右两侧和后方夹击南部联军，而骑兵从正面截击，拆毁铁路线，俘虏了运送补给的车辆。

由于剧烈头痛而眼睛半瞎的格兰特无法跟上队伍，就停在了一个农家。"我在那里过了一夜"，他回忆录里写着，"把我的两脚泡在加了芥末的冷水里，还把芥末药膏贴在我的两个手腕和后颈上，希望第二天早上能复原。"

第二天清早，他果然复原了。可是使他复原的，不是芥末药膏，而是一个带回李将军降书的骑兵。

"当那个军官到我面前时，"格兰特写着，"我的头还痛得很厉害，可是我一看到那封信的内容，我马上就好了，奇怪的是精神比平日里更佳。"

所以说，人的忧虑完全是心理疾病，当这种疾病变成一股强大的力量的时候，它反过来就会将我们的身体打垮，因为我们都知道身心是一体的。

"人之生也，与忧惧生"，每个人都有七情六欲，忧虑也是人之常情，是每个人生活中无法避免的情绪。但忧虑过度，就不再是一种常情，而是一种病态。

那么如何与忧虑告别呢？

美国心理学家罗兰德的一项治疗忧虑的措施很独到。他不是让忧虑者不去忧虑，而是让忧虑者来个"欲擒故纵"，每天拿出一定的时间来忧虑。当然，其他大部分时间就不要去忧虑了。

心理学家建议这样做：

第一，平时用转移注意力的方法来打断忧虑。告诉自己：会有专门的时间进行忧虑的。

第二，每天专门用于忧虑的时间最好为 30 分钟。另外，专门忧虑时不要坐自己平时常坐的座位，以免以后一坐上就产生忧虑，也不要在晚上睡觉前去忧虑。

第三，不能"偷工减料"，要保证时间，专心致志。这样做的结果是，人往往不能一门心思地去忧虑，反而使忧虑渐渐地悄然消失。

忧虑的不良情绪是我们成事的拦路虎，有了它的存在，我们就不能专心致志地处理工作，而且身心还会承受双倍折磨，所以我们要学着改变自己的认知，用一些科学合理的方法摆脱忧虑，这样遇事才能不被负面情绪绑架，从容应对。

✐ 画重点

1. 不良心态是人际交往中的一大障碍，它的存在不仅影响健康，而且还使人无法冷静沉着地处理好所有事情。

2. 要想排解忧虑情绪，我们可以采用转移注意力的方法，也可以专门为忧虑留足时间，另外，做事还需要专心致志。

好心情有美容功效

——心理学使你魅力升级

有人说：

好心情等于保养品的催化剂，

坏心情则比紫外线还可怕。

好的心情等于美容，

可以使你魅力倍增。

颜色对心理的影响——色彩心理学

在生活中正确地使用颜色，对人的身心健康的意义是很重要的。

每当我们仰头看着湛蓝的天空，不能不佩服大自然的神奇造化。蓝色是多么的令人宁静、令人神清气爽啊！我们能够想象天空要是红色的会怎么样呢？想一想，每天头上顶着鲜红的天空，我们的心情会怎样吧！那恐怕我们要经常充满激情，甚至躁动了。我们不能不赞叹造物主的安排是多么巧妙、合理。蓝色的天空中漂浮着白云，是多么美的图画！还有绿色的树木。

据科学家研究发现，绿色是能够令眼睛放松的颜色，对视力比较有好处。也许因为这样，造物主把树木的颜色大多设为绿色，让我们赏心悦目，疏解眼睛的疲劳。而鲜花则五彩斑斓，那些或鲜艳、或素淡的颜色，变成了美妙的点缀，使我们感到这个世界的多姿多彩。

总之，我们每个人——除了色盲，恐怕都不会对颜色麻木不仁。不同的颜色会给我们不同的心情，这是每个人都能体会到的。比如我们会根据不同的心情和个性选择不同颜色的衣服。颜色对人的心理影响是很多的，还比如不同色调的画作和摄影作品会使我们感受到不同的心情。还有，房间里墙壁刷上不同的颜色，也让我们感觉不同。

总之，这些都说明，颜色具有影响人情绪的特性。有的时候，这种影响是至关重要的。

国外曾发生过一件有趣的事：伦敦附近的泰晤士河上，有一座叫波利菲尔的大桥十分著名。它的著名不在于桥的设计和外观，而在于每年都有很多人在这里投河自尽，民间盛传这座桥上总是有幽灵游荡。

由于自杀的数目太惊人，伦敦市议会希望皇家医学院研究人员帮助寻找原因。皇家医学院的普里森博士提出，自杀和桥是黑色的有很大的关系。政府采用普里森博士的建议，把桥身的黑色换成了绿色。当年，跳桥自杀的人就减少了56%。

为什么当桥的颜色从黑色变成了绿色就引起了这么大的改变呢？这要从色彩对人的心理影响谈起。

心理学家发现，当人看不同颜色的时候，自然就会联想到一些别的东西。比如，看到蓝色我们会想到天空，看到红色会想到血液，看到绿色会想到草地……而这些不同的联想，就造成我们对不同颜色的感觉。当我们看到一种颜色的时候，除了颜色本身，我们还会感受到冷暖、远近和轻重，这就是心理上的错觉。通过联想，色彩也就影响了我们的情绪。

现在我们可以解释为什么黑色的大桥会让人自杀了。黑色本身给我们的感觉就是黑暗、肃静，进而引起心理上的压抑。而这种压抑，正好对那些想自杀的人起到了催化剂的作用，让他们沉浸在绝望之中，在黑暗的暗示下跳了桥。而当黑色换成了绿色，桥的黑暗和压抑的成分就消失了，绿色代表生机勃勃和希望，无形中就打消了想自杀的人的压抑和悲观的情绪。

心理学家对颜色与人的心理进行的研究表明，在一般情况下，红色表示快乐、热情，它使人情绪热烈、饱满，激发爱的情感。黄色表示快乐、明亮，使人兴高采烈，充满喜悦。绿色表示和平，使人的心里有安定、恬静、温和之感。蓝色给人以安静、凉爽、舒适之感，使人心胸开阔。灰色使人感到郁闷、空虚。黑色使人感到庄严、沮丧和悲哀。白色使人有素雅、纯洁、轻快之感。

各种颜色都会给人的情绪带来一定的影响，使人的心理活动发生变化。

在临床实践中，学者们对颜色治病也进行了研究，效果是很好的。高血压病人戴上烟色眼镜可使血压下降；红色和蓝色可使血液循环加快；病人如果住在涂有白色、淡蓝色、淡绿色、淡黄色墙壁的房间里，心情很安定、舒适，有助于健康的恢复。

颜色对人的脉搏和握力都有一定影响。实验证明，人在黄颜色的房间里脉搏正常，在蓝色的房间里脉搏减慢一些，在红颜色的房间里脉搏增快很明显。

法国的生理学家实验发现，在红色光的照射下，人的握力比平常增强一倍，在橙黄色光的照射下，手的握力比平常增强半倍。

总而言之，颜色对人的健康，以及情绪会产生深远的影响，我们一定要利用好这一点，为自己创造积极有利的色彩环境，这样才能保证自己身心愉悦，笑容迷人，魅力值上涨。

✎ 画重点

1.颜色对人的健康和情绪会产生深远的影响。

2.聪明的人懂得利用色彩心理学，调节自己的情绪，从而让自己心情舒畅，魅力倍增。

一方水土养一方人——天气心理学

在阳光灿烂、空气湿润的日子里，你会不会格外觉得精神振奋、心情舒畅？如果一连遭遇十几天的阴雨，你是否会感到莫名的郁闷？

范仲淹在《岳阳楼记》中给世人留下一个千古名句："不以物喜，不以己悲。"这是一个极高的精神境界，很少有人能达到如此境界。回归到现实生活中，很多人的情绪甚至会随着天气的变化而变化。

科学家经过大量的研究发现，在气候特别寒冷的地带，人们在冬天的情绪会显著地忧郁、低落。而导致情绪低落的主要原因就是缺少阳光。此外还会出现容易疲劳，嗜睡，喜欢吃大量含碳水化合物的食物等。

精神治疗专家发现，人的情绪或多或少地会受到天气的影响。如果一个人对天气变化，特别是坏天气的刺激反应强烈，就会表现出种种不适症状：疲倦、虚弱、健忘、眼冒金星、神经过敏，情绪低落、工作提不起精神、睡眠不好、偏头痛、注意力不集中，恐惧、冒汗、没有食欲、肠胃功能紊乱，神经质、易激动等等。

据调查显示，曾经发生的厄尔尼诺现象，使全球大约10万人患上了抑郁症，精神病的发病率上升了38%，交通事故也至少增加了5000次。原因就是，全球气候异常和天气的灾难，超过了一部分人的心理承受能力。

一些研究表明，温度与暴力行为有关，夏日的高温可引起暴力行为增加。但是当温度达到一定点时再升高则不导致暴力行为，而导致嗜睡。温度也和人际吸引有关，在高温室内的被试者，比在常温室内的被试者更容易对他人做出不友好的评价。

我们都知道，"万物生长靠太阳"。植物往往有向光性，人也是一样。一般来说，选择阳光充足的居所对人比较有利。因为光是热、土壤、植物、水、空气的轴心。

有心理学家研究表明，在日光灯中加入类似太阳光的紫外线对健康有好处；让自闭者生活在光线较充足的地方，自闭行为减少一半，还会增加许多与人互动的行为。而灯光不足会造成视觉疲劳、反胃、头痛、忧郁等行为反应。研究甚至发现在日光灯下与太阳光下的工作效率不同。在阳光充足的地方，孩子显得活泼有劲多了。

在法国，有一段长时间的阴雨天气，导致抑郁症患者大大增加。于是许多治疗机构创造性地采用人造阳光治疗法，就是用光照来治疗这些等不及阳光出现的病人，并具有明显的疗效。

长时间的天气特征，会形成气候。研究发现，一个人性格的形成，和他所生活地区的气候有直接的关系。这也是因为天气影响到人的心情，天长日久，就影响了性格。所谓"一方水土养一方人"，几乎每个人都无法完全摆脱这种环境的影响。

一般来说，长期生活在热带的人，性格比较暴躁、易怒；生活在纬度高的寒带，气候寒冷、阳光稀少，是抑郁症的高发区；而在气候湿润、万物生机盎然的水乡，人会多情、反应机敏；草原上的牧民大多为人豪放；山区的人多是性格率直；秋高气爽的气候被认为最适合创作——长年居住在 15-18 摄氏度环境中的人，头脑较为发达，文学艺术的成就比较突出。

综上所述，天气真的会影响我们的情绪和健康。为了避免受到负面情绪的干扰，我们要发挥自己的主观能动性，选择合适的天气，适宜的温度，做重要的事情，这样才能保证身心舒畅，也能保证自己的工作效率不受影响。

✎ 画重点

1.人的情绪会随着天气的变化而变化。

2.我们要发挥自己的主观能动性，利用天气心理学的原理，为自己创造有利的环境。

噪声对心理的负面影响——环境心理学

> 噪声是环境心理学的一个主要课题。噪声是使人感到不愉快的声音，会对人造成不良的心理刺激。

听过这样一则骇人听闻的报道：

一个男子因为不堪忍受家附近建筑工地的汽锤的噪声，竟跑上前去，把脑袋伸到汽锤底下，结果脑袋被砸碎。

这个悲剧的主人，很可能有些抑郁症，至少是心理承受能力太差。但从另一方面来看，也正说明噪声对人的心理有明显的负面影响。

事实上，许多文艺家，特别是一些作家之所以喜欢到远离城市的地方，到一个偏僻的山村去写作，就是为了躲避城里密集的噪声。

在科学上，噪声是指波形量非周期性变化或超过85—95分贝的不规则声音。但在现实中，这个标准并不是绝对的。

欢快的锣鼓声、口号声、大喊大叫、鞭炮声，尽管超过85分贝，甚至有的也无规律，但不会引起参与者与欣赏者的心理烦躁。这是因为参与者和欣赏者当时有一种心理宣泄的需要而喜欢或能够接受这种声音。

反过来，即使低于85分贝的声音，如果不成规律，比如鸡鸣狗叫，对某些人来说，也形成了噪声。有人爱养蝈蝈，其阵发性的叫声对某些人来说是噪声，对另一些人却像催眠曲。

噪声广泛地危害人的生理机能，如耳聋、睡眠障碍、植物性神经功能紊乱、心率加速、血压升高，血管痉挛、胃功能紊乱、胃液分泌异常、食欲下降、甲状腺功能亢进、肾上腺皮质功能增强、性机能紊乱和月经失调等等。在这里，我们主要说说噪声效应对心理的影响。

噪声引起人们的烦躁不安、心情变坏、注意力不集中、工作效率降低，影响休息和造成睡眠障碍等现象，叫作噪声定律。

噪声有时会形成对别人的强烈的情绪干扰，甚至使人方寸大乱。我国古代的军事家因为懂得噪声的这个特点，在战争中巧妙把噪声作为了攻击敌人的一个武器。

明朝初年，朱元璋为了彻底消灭元蒙王朝在西南地区的统治势力，任命沐英为征南右副将军，和蓝玉一起随傅友德将军进攻云南。元朝梁王派达里麻率领 10 万人马在曲靖抗击。

沐英为了出其不意打击敌人，秘密迂回敌后，突然在山谷间竖起旗帜，擂响战鼓，铜号齐鸣，发出阵阵无节律的震耳响声。在这种噪声刺激下，敌军心惊肉跳，在混乱之中，被打得落花流水，大败而逃。

明军的胜利，很大程度上要归功于一个功臣——噪声。

如今，噪声作为环境污染的一个组成部分而得到广泛关注——各大医院疗养院和居民住宅区，一般都限制汽车鸣笛，禁止随意饲养动物。目前，我国大部分城市在城区已禁止燃放鞭炮。这些都是为避免噪声效应所采取的必要措施。

总而言之，噪声是导致我们心情变差的原因之一。为了避免让自己受到不必要的打扰，我们需要选择合适的环境，适宜的居所，这样才能让自己从噪声中解脱出来，从而保持美丽的心情。

✏️ 画重点

1.噪声不仅危害人的生理机能，而且还会给人的情绪造成强烈的干扰。

2.噪声是环境心理学的一个主要课题。在日常生活中，我们需要趋利避害，既要合理利用噪声，也要避开噪声的干扰。

得不到的葡萄是酸的——酸葡萄甜柠檬

我们不倡导在事情还有改变余地的情况下进行自我安慰，酸葡萄甜柠檬心理只是在某些特定的情况下对人的心理健康有益。

《伊索寓言》中有一个家喻户晓的故事：一个炎热的夏日，狐狸走过一个果园，他停在一大串熟透而多汁的葡萄前。狐狸想："我正口渴呢。"于是他后退了几步，向前一冲，跳起来，却无法够到葡萄。狐狸后退又试。一次，两次，三次，但是都没有得到葡萄。狐狸试了一次又一次，都没有成功。最后，他决定放弃，他昂起头，边走边说："我敢肯定它是酸的。"

在西方，这个故事甚至被引入了词典，短语 sour grapes（酸葡萄心理）就是来源于此，是指得不到的就说不好。而心理学中也借用了这个术语，用来解释人类心理防卫的一种机制——合理化的自我安慰。

其实，在日常生活中，我们也时常会处于那只狐狸的境遇。比如，一个公司职员很想得到更高的职位，却总也得不到提升，为了保持内心平衡他会自我安慰：职位越高，责任越重，还不如现在工作轻松，乐得逍遥自在。

与"酸葡萄"心态相对应，还有一种心态被称为"甜柠檬"心态，它指的是人们对得到的东西，尽管不喜欢或不满意，也坚持认为是好的。比如，你买了一套衣服，回来后觉得价钱太贵，颜色也不如意。但你和别人说起时，你可能会强调这是今年最流行的款式，即使价格贵点也值得。

心理学上有一个实验，本来是为了证明"每个人对事情的兴趣，是否影响到了工作效率"，但是间接证明了"酸葡萄甜柠檬定律"的存在。

心理学家招募了一批大学生来做一些枯燥乏味的工作。其中一件事是把一大把汤匙装进一个盘子，再一把把地拿出来，然后再放进去，来来回回半个小时。还有一件是转动计分板上的 48 个木钉，每根顺时针转四分之一圈，再转回，也是反反复复耗费了半个小时。

工作完成后，再分别给予他们 1 美元或 20 美元的奖励，并要求他们告诉下一个来做实验的人这个工作十分有趣。

奇怪的是，结果发现与一般的预期相反，得到 1 美元奖励的人反而认为工作比较有趣。

这似乎证明了，人们对已经发生的不好的事情，倾向于通过自我安慰，自我欺骗，把它的不愉快减轻。

这不由得让我们想起鲁迅先生笔下的阿 Q。我们都知道阿 Q 有一种独特的精神胜利法，被称为"阿 Q 精神"。比如阿 Q 挨了假洋鬼子的揍，无奈之余，就说"儿子打老子，不必计较"，来自我安慰一番，也就心平气和了。

过去，这种明显的自欺欺人心理，成为人们的笑谈，遭到否定、批判。但是，今天的心理学家认为，适度的精神胜利法在心理健康方面是非常有价值的。

在生活中，我们每个人都会遇到这样那样不愉快的事，有很多事情是我们无法左右、无法更改的。

那该怎么办呢？难道就要为此一味地愁苦、懊恼吗？那显然不利于身心的健康，也不利于事情的解决。这时候，使用阿 Q 精神，安慰一下自己，对于心理调节可能非常有效。实际上，任何一个心理健康的人，多少都需要有点阿 Q 的精神。

对于相同一件事，如果我们从不同的角度去看，结论就会不尽相同，心情也会不一样。现实生活中，几乎所有事情都存在积极性和消极性，当你遇到不顺心的事情时，如果只看到消极的一面，心情就会低落、郁闷。这时，如果换个角度，从积极的一面去看，说不定能转变你的心情。

比如当你感冒时，与其为一时的痛苦而烦恼，不如想一想，感冒可以使人的自身免疫力提高；当你遇到挫折时，应该看到失败是成功的前奏，"塞翁失马，焉知非福？"从失败中吸取教训也是一种收获；当遇到倒霉事时，你可以想一想那些比自己更不幸的人……

有一次，美国前总统罗斯福家中被盗，他的朋友写信来安慰他。他在回信中说："谢谢你来信安慰我，我现在很平安。感谢上帝，因为贼偷去的是我的东西，而没有伤害我的生命；贼只偷去我部分东西，而不是全部；最值得庆幸的是：做贼的是他，而不是我。"

凡事换一个角度去看，事情就显得不一样了。我们只有保持"甜柠檬"心态，适度发挥阿Q精神，才能苦中作乐，保持一份愉悦的心情。

✎ 画重点

1. 在生活中，如果我们无力改变现状，可适度发挥酸葡萄心理，对自我心理进行防卫。

2. "甜柠檬"心态在某些特定的情况下对人的心理健康有益，所以我们在关键时候可适当发挥这种心态，让自己变得积极起来。

得不到江山就要美人——心理代偿

一般来说，知识、才能和技巧方面的代偿是建设性的。例如，数理不行的人发展了文学才能，不会唱歌的人发展了舞蹈的技巧，好静不好动的人田径球类不行却下棋下得很好。

老刘在一个研究所工作，他为人正直，工作勤奋，成了所里的台柱子。可是很多年过去了，他却一直也没有如愿评上工程师职称。他感到很不服气，可是又没有办法，于是逐渐变得郁郁寡欢，有时还因为一点小事和人发脾气。

同事老黄是与老刘一起分到研究所的，情况差不多，也是几次没评上工程师。老黄一开始也苦恼，可是时间一长发现解决不了问题，还搞得家里家外很紧张，就改变了心态。他开始发奋，几年来，不仅自费学了英语，又学习了商业管理知识。后来他出去搞了一个民办科技实体，干得红红火火。

这两个人遇到了同样一件事，却一个苦恼，一个快乐，一个消极，一个积极，就是因为老刘孤注一掷，甘心"一棵树上吊死"，不寻找其他的出路。这样唯一的精神寄托一旦失去，人就会变得萎靡不振。

而老黄则不然，采取狡兔三窟的策略，信奉"活人哪能叫尿憋死"的道理，积极寻找别的出路，这条不通，走另一条，注意力和精神追求进行转移，反而因祸得福。这就是心理代偿的巨大作用。

当人遇到难以逾越的障碍时，有时会放弃最初的目标，通过达到实现类似目标的办法，谋求要求得到满足，这种做法叫作代偿行为。

代偿，生理学上的意义是指人体的一种自我调节机能，当某一器官的功能或结构发生病变时，由原器官的健全部分或其他器官来代替，补偿它的功能。从心理角度分析，代偿可以分为自觉的和盲目的两种。自觉的代偿指知道自己的短处和缺陷所在，可以做到扬长避短。盲目的代偿并不清楚自己的短处与缺陷，往往导致过分代偿，结果某些方面畸形发展，破坏了人格的协调统一，反而加剧心理冲突，造成适应困难，人际关系不良。可见，代偿可以是建设性的，也可以是破坏性的。

心理的代偿往往是对现实中不足的弥补，可以起到转移痛苦，使心理平衡的作用。比如，本来想去打网球，可是下雨了，不能打了，就可以选择室内的乒乓球；本来想进A公司没能进去，就转而争取进入条件相当的B公司；和A的恋爱没有成功，于是把和A有相似特征的B当成了新的追求目标；等等。

代偿行为有一个特征是：假如B与A相比非常容易达到，或是价值不如A，就不容易对A形成代偿。只有当B与A很相似，得到B的困难度与A相似甚至更大，B才具有较大的代偿价值。

当然，代偿行为并不是在任何情况下都会产生的。对于最初的目标的渴望如果非常热烈、迫切，就很难找到能够代偿的东西。所谓"曾经沧海难为水，除却巫山不是云"，那恐怕谁也没有办法了。

而且，在代偿行为中还有一种很特殊的情况，那就是把自己的欲求转移到能获得社会高度评价的对象物中去。这种情况在心理学上叫"升华"。这个名词是弗洛伊德发明的，按弗洛伊德的观点，所有的高层次活动都是"性欲"升华的结果。

某高校里有一位老教授，年轻的时候曾经热恋一位非常优秀的知识女性。但遗憾的是，阴错阳差，那位女士却成了别人的新娘。

这对他的打击很大，觉得再也找不到赶得上那位女士的人，就一生未婚。他把所有的精力和热情都投入到工作中，成了一代学术泰斗。在生活中，类似的情形比比皆是。

俗话说："失之东隅，收之桑榆。"在关键时期，代偿心理成为社会中弱者或正处于竞争劣势地位的人的心理武器，它既可以使弱者自强和升华，也可以使其获得心理的愉悦和安慰。

画重点

1.心理代偿可以分为自觉和盲目两种。它的结果可能是建设性的，也可以是破坏性的。

2.代偿行为并不是在任何情况下都会产生的。对于最初的目标的渴望如果非常热烈、迫切，就很难找到能够代偿的东西。

最佳的美容处方——心理美容

精神压力可导致内分泌系统紊乱，出现持久的心身功能失调，使皮肤干燥松弛、失去光泽，肤色呈病态，这时候就需要进行心理美容了。

现代人总是一味追求外部的美丽，为了达到这一效果，很多人甚至不惜斥巨资整容。美丽本无罪，但过分追求却体现了其心理的空虚和浮躁。其实美容最佳处方是心理美容，即从心理的角度去开掘人心灵深处的隐私、疏导郁结的心境、激发对生活的信心，从而营造豁达乐观、欢愉向上的心理状态。

换句话说，心理美容就是通过疏导与暗示，使人的心情愉快、精神饱满；促进血液循环，激活面部和全身肌肤细胞的代谢，使肌肤富有光泽和弹性；使脏腑与气血运行顺畅，浑身充满活力。

心理美容具有社会学的意义，即完善自我，发展自我，体现自我。只有完善了自我，具有了高尚的道德情操、渊博的知识贮存、成熟的心理承受力、感人的个性特征、有吸引力的人际交往能力、引起对象产生愉悦、认同、感化的魅力，他才容易被社会接纳，才能够有宽阔的交往空间，才能够获得美好的生活与成功的事业，既利于个人发展又是自我价值的体现。

心理美容可分为不良情绪消除法和健康心理培养法两类。其中，不良情绪消除法包括情趣除忧法、心灵美境法、洒泪排忧法及倾诉苦衷法；健康心理培养法包括工作培养法、音乐培养法、休闲培养法及笑容培养法等，其中，笑容培养法是人们最乐意接受的、见效最快的方法。

心理美容包括哪些具体作为呢？下面简单介绍几种：

第一，保持愉快情绪

心理学家认为，愉快的情绪能使人处于怡然自得的状态，有益于人体各种激素的正常分泌，有利于调节大脑功能和血液循环，使美丽从内向外扩散出来。

第二，学会幽默

心理学家认为，幽默是人的一种健康机能，更是心理美容的良方。幽默和风趣的言行不仅可以给人带来欢快的情绪，而且能缓解生活中的矛盾和冲突，维持心理平衡，是生活的调味品和润滑剂。

再次，倾诉衷肠。这是一种有效的自我心理调节方法。当人们心头郁积着苦闷和烦恼，尤其是处于"心理梗塞"时，若能及时向亲友、同事、心理医生倾诉，便可以排淤化结，使受挫的心灵得到一定程度的抚慰，感情的伤口得到几分的愈合。

第三，学会宽容

宽容可以消除人与人之间的隔阂，营造良好的人际关系和生活环境。日常生活中，夫妻、邻里、同事之间难免有矛盾和烦恼，处理不好就会形成心理问题，影响生活和工作。特别是在被人曲解和伤害时，有些人本能的反应就是报复。然而，报复虽然可以发泄怒气，减轻心中的负荷，求得一时痛快，但更会激化矛盾，甚至造成可怕的后果。退一步海阔天空，此时，人们最明智的选择就是宽容。宽容了，心境就好了，从内向外，也就美了。

第四，想象美容法

每晚在临睡之前，盘腿端坐在床上，深呼吸三次，然后全身放松，自然呼吸。想象自己置身于清澈的湖水旁，头顶明月当空，湖畔绿草如茵；想象自己的皮肤如月亮般皎洁，清澈的湖水滋养着皮肤。如果你面部有雀斑，则可想象雀斑点点消退，皮肤变得光滑、细嫩。每次 15 分钟左右，坚持下去，约二周即可见效。虽然想象美容法听起来有点玄，不过确实是有效的心理美容方法之一，不妨试一试。

俗话说："状貌之美胜于颜色之美，而适宜并优雅的行为之美又胜于状貌之美。美中之最上者就是图画所不能表现，初睹所不能见及者。"追求内在，进行心理美容，是一种精神上的升华，更是自身魅力提升的最佳途径。

✎ 画重点

1. 心理美容是最佳的美容处方，它可以最大程度提升你的自我魅力。

2. 心理美容的常见方法有四种：保持愉快情绪、学会幽默、学会宽容、想象美容法。

播种个性，收获命运——性格定律

心理学家与成功学家有一个共识：一个人的成功 85%
归结于性格，15% 归结于知识。这说明，性格、意志、情
绪等非智力因素在一个人的影响力中起决定性作用。

美国斯坦福大学教授推孟曾经对 1000 多名智商在 140 分以上的
天才儿童进行过长达几十年的跟踪研究。在研究中，他把这些人中
最有成就的 150 人和成就最低的 150 人进行了比较。他们在智力上相
差甚微，而能否取得成就的原因主要在于性格特征的差别：自信不
自信，自卑或不自卑，坚毅或不能坚持，是否有较强的适应能力和
实现目标的动机等。由此可见，性格即命运。

有位美国记者采访晚年的投资银行一代宗师 J.P 摩根，问："决定
你成功的条件是什么？"

老摩根毫不掩饰地说："性格。"

记者又问："资本和资金何者更为重要？"

老摩根一语中的："资本比资金重要，但最重要的是性格。"

确实，翻开摩根的奋斗史，无论他成功地在欧洲发行美国公债，
慧眼识中无名小卒的建议大搞钢铁托拉斯计划，还是力排众议，甚
至冒着生命危险推行全国铁路联合，都由于他倔强和敢于创新的性
格，如果排除这一条，恐怕有再多的资本也无法开创投资银行这一
伟大的开创性的事业。

事业上的成功离不开良好的个性品质，个人生活上的成功更离

不开良好的性格。在环环相扣的现代社会中，人与人之间唯有精诚合作才可以安身立命，性格的决定作用便日益彰显。积极的性格——诸如认真、勤奋、乐观、沉着、刚强、果敢、大度、慷慨、坦诚、谦逊和热情——无疑是上佳的黏合剂和酵母，使人更具爱心和进取心，更具魅力和竞争力；消极的性格——诸如懒惰、阴郁、自私、狂妄、狡诈、懦弱、狐疑、狭隘、悭吝和冷酷——则是可怕的隔离带和鸿沟，使人与幸福生活总有一段难以搭界的距离。人要快乐，就必须终生不懈地追求和保有美好的爱情、牢固的亲情、真诚的友情和成功的事业，而这四大要素可说没有一样不仰赖于积极性格的通力成全。

华盛顿大学的 350 名学生曾经有幸请来世界巨富沃沦·巴菲特和盖茨演讲，当学生们问道："你们怎么变得比上帝还富有"这一有趣的问题时，巴菲特说："这个问题非常简单，原因不在智商。为什么聪明人会做一些阻碍自己发挥全部能力的事情呢？原因在于习惯、性格和脾气。"

盖茨表示赞同，他说："我认为沃沦关于习惯的话完全正确。"

此时此刻，两位殊途同归的好朋友道出了自己成功的诀窍——个性具有很大的决定作用。

"勿以善小而不为，勿以恶小而为之。"良好性格的养成在于平日一点一滴持之不懈的积累。你要是不想成为命运手上的牵线木偶，而想成为命运的主人，就该及早痛下决心，尽快完善自己的性格，大幅度提升情商指数。从这一观点出发，那些认定负面性格突出才叫个性鲜明的人，那些认定放浪形骸才是快乐之本的人，命运女神迟早会给他们开出数额惊人的罚单。

命运并不是那么神秘莫测的，我们的性格常常就是我们的命运。我们一生的幸福更多地依赖于这种内在的性格而不是外在的境遇。.

伟大的人物不仅仅因为他们创造了丰功伟业，更重要的是他们在历史长河中表现出来的伟大的性格特点。

诚然如是。性格决定命运，不同的性格决定了他们对待机遇的方式，也决定了他们看待事物的认知度和情绪类型。只有性格良好的人才能以积极乐观，饱满热情的精神状态抓住机遇，成就自我。

✎ 画重点

1.性格定律告诉我们：一个人的成功 85% 归结于性格，播种什么样的性格，就会收获什么样的命运。

2.良好性格的养成在于平日一点一滴持之不懈的积累。

用100%的热情做1%的事——激情效应

> 在心理学上，热情会改变别人对你的态度。在成功学
> 上，热情是驱使奋斗者永远向上的动力。凭借着热情产生
> 的巨大能量，他们的人生会变得更加绚丽多彩。

美国通用食品公司总裁弗朗克说："你可以买到一个人的时间，也可以买到一个人到指定的工作岗位，还可以买到按时计算的技术操作，但你买不到热情，而你又不得不去争取这些。"

热情是一种难能可贵的品质。正如拿破仑·希尔所说："要想获得这个世界上最大的奖赏，你必须像最伟大的开拓者一样，将所拥有的将梦想转化为为实现梦想而献身的热情，以此来发展和销售自己的才能。"

历史上许多巨变和奇迹，不论是社会、经济、哲学或是艺术，都因为参与者100%的热情才得以进行。拿破仑发动一场战役只需要两周的准备时间，换成别人则需要一年，之所以会有这么大的差别，正是因为他对在战场取胜拥有无与伦比的热情。

伟大人物对使命的热情可以谱写历史，普通人对工作的热情则可以改变自己的人生。

一个晴朗的下午，美国作家威·莱·菲尔普斯去逛纽约的第五大道，突然想起来自己的袜子划破了，需要买双新的短袜。至于买一双什么样的，作家觉得那是无关紧要的。他看到第一家袜子店，就走了进去。一个年纪不到17岁的少年店员，迎面向他走来询问到道：

"先生，您要什么？"

"我想买双短袜。"作家看到这位少年眼睛闪着光芒，话语里含着激情。"您是否知道您来到的是世界上最好的袜店？"作家一愣，发觉自己从来就没有思考过这个问题，因为他仅仅需要一双短袜，走进这家商店纯粹就是偶然。

少年麻利地从货架上拖下几只包装不同的盒子，并快速地把里面的袜子一一打开展现在作家的面前，让他鉴赏。"等等，小伙子，我只要买一双！"作家有意提醒他。"这我知道，"少年说，"不过，我想让您看看这些袜子有多美，多漂亮，真是好看极了！"

少年的脸上洋溢着庄严和神圣的狂喜，像是在向作家传达他所信奉的宗教玄理。作家立刻对这个少年产生了兴趣，把买袜子的事情抛于脑后。作家略微犹豫一下，然后对那个少年说："我的朋友，如果你能一直保持这样的热情，如果这份热情不只是因为你感到惊奇，或因为得到一个新的工作——如果你能天天如此，把这种热心和激情保持下去，不到十年，你会成为美国短袜大王。"

没有热忱的人，就好像没有发条的手表一样缺乏动力。一位神学教授说："成功、效率和能力的一项绝对必要条件就是热忱。"热忱这个词源于希腊文，是"神在你心中"的意思，一个缺乏热忱的人别想赢得任何胜利。

为了使你对目标产生热忱，你应该每天都将思想集中在这个目标上，如此日复一日，你就会对目标产生高度的热忱，并愿意为它奉献。有位名人说："情绪未必会受理性的控制，但是必然会受到行动的控制。"积极心态和积极的行动可升高热忱的程度，你必须为你的热忱制定一个值得追求的目标；一旦你将你的热忱导向成功的方向，它便会使你朝着目标前进。

真正的热忱是发自内心的，发掘热忱就好像是从井中取水一样，你必须操作抽水机才能使水流出来，接着水便不断地自动流出。你可以对于你所知道或所做的任何事情都付出热忱，它是积极心态的一种象征，会自然地从思想、感情和情绪中发展出来，但更重要的是：你可以随心所欲地从内心唤起热忱。

当这热忱被释放出来支持明确目标，并不断用信心补充它的能量时，它便会形成一股不可抗拒的力量，并足以克服一切贫穷和不如意，你可以将这股力量传给任何需要它的人。这恐怕是你能够动用热忱所做的伟大工作了，激发他人的想象力，激励他们的创造力，激发他人的影响力，帮助他们和无穷智慧发生联系。

凭借热情，我们可以释放出潜在的巨大的能量，发展出一种坚强的个性；凭借热情，我们可以把枯燥乏味的工作变得生动有趣，使自己充满活力，培养自己对事业的狂热追求；凭借热情，我们可以感染周围的同事，让他们理解你、支持你，拥有良好的人际关系；凭借热情，我们更可以获得老板的提拔和重用，赢得宝贵的成长和发展的机会。

总而言之，热情是一种难能可贵的品质。有了热情的加持，人的精神状态会有明显的改善，心情也会获得愉悦和满足，而你的魅力也会因为热情的催发由内而外散发出来。

✐ 画重点

1. 激情效应告诉我们，要用 100% 的热情做 1% 的事，这样才能使自己释放出潜在的巨大的能量，从而轻松获得成功。

2. 要想对目标产生热忱，我们应该每天都将思想集中在这个目标上。

爱情亲情也需要经营

——心理学让你幸福一生

如何经营爱情亲情？

这是每个人一生都要经营的课题。

在经营的过程中，

我们要善于运用心理学的知识，

不要把一切都赖给"命运"，

这样才能把幸福牢牢抓在自己的手里。

女人渴望得到些什么?
——女性的心理需求

"虽然我花了30年时间研究女性的灵魂,但有个大问题我仍然无法回答:女人渴望得到些什么?"

——弗洛伊德

俗话说:"女人心,海底针。"这句话把女性复杂且深沉的心理形象生动地勾勒出来。的确,女人心思细腻,擅长从细枝末节中捕捉信息,有时常常让人捉摸不透。下面我们就从心理学的角度分析一下女性的心理需求:

第一,事业心强

现在大多女性渴望男女平等,追求事业成功,希望丈夫或男友认真看待她们的工作,就像重视他们自己的事业一样。

年轻女性黄某,是一位护士。丈夫是某公司的销售经理,整天全国到处跑,她也不得不屡次调整工作以跟随丈夫。丈夫不以为然,认为妻子有没有工作无所谓,只要自己挣钱够多就行,完全不了解这位现代女性的事业心。

终于有一次,她因工作获了奖,继而当众进行了一番催人泪下的演讲,在场的丈夫总算明白了妻子对于事业成功的渴望,心里充满了愧疚。他回忆道:"真是惭愧,所有的人都在为一位女强人鼓掌欢呼,而我竟然根本不了解多年的妻子。"从此,他对妻子的工作分外敬重，夫妻关系也比以前稳固、亲密得多了。

第二，渴望真诚交流

以往的女性嫁人，看的是对方有没有钱、够不够富裕，结婚后大多安心地靠男人挣钱度日，全身心地生儿育女、照顾家人，至于有无夫妻感情似乎无所谓。现代女性不同，她们渴望真正的爱情，渴望真诚的交流，不像以前那样只看重对方是不是富裕。而且，她们对男人的赠予十分警惕，不喜欢男人将自己看作是可以收买的商品。

第三，喜欢恭维

现代女性喜欢恭维，无论多大的女性，都喜欢别人恭维自己长得漂亮、年轻。这是因为她们心底里还是认为年轻貌美才能讨人喜欢，才能占得先机。对年轻、漂亮的渴望使女性对于体重多了几公斤、脸上爬上了少许皱纹都难以忍受，以至于变成了巨大的心理压力。

第四，需要倾听

现代男性和女性对于交谈的认知和感受可能迥然不同。男性爱讲理、爱较真，将交谈作为解决问题的手段，因而他会打断对方的谈话而摆出自己的道理。而女性和人交谈，很多时候只是需要一只倾听的耳朵，不需要什么忠告。她们更多地将交谈看作分享感情的渠道，往往说个不停，直到觉得好受为止。

第五，有时需要独处以作休整

女人和男友或丈夫生气的时候，往往拒绝对方的解释或道歉而要求单独待一会儿，男性对此通常不甚理解而感到很不安。独处对于一个女人非常重要，可大多数男性都认识不到这一点。女性的独处并非对缺少爱的抗议，而是在表达一种自主的需求，并且可借助独处完成某些心理上和精力上的调节，使自己能够在生活中更适应自己的角色。

第六，爱情实际、执着

女性的爱情是实际、执着的，不像男性那样容易动情且满足于一时的浪漫，远比男性更善于让自己的头脑去把握自己的激情。她们择偶时，看重伴侣身上的长期品质——诚实、有才干、富于同情心等等，而且通常会想到结婚以后的事情。

第七，浪漫爱情始于厨房

在很多女性眼里，分担家务比性生活和谐更有利于维持健康稳固的婚姻关系。她们需要丈夫和自己一起料理家务，这样会感到更幸福。专家指出，夫妻在厨房里的亲密无间跟卧室里的亲密和谐一样重要。

一段婚姻幸福与否，很大程度取决于男人是否能读懂女人的心理需求。如果能读懂女性的心理需求，并给予满足，那么女性会获得满满的安全感，从而有更多的心力反哺这段亲密关系，反之，则性情暴躁，不利于亲密关系的建立。

📝 画重点

1.懂得女性的心理需求是实现婚姻幸福的必要条件。

2.女性的心理需求包括六个方面：事业心强，渴望真诚交流，喜欢恭维，需要倾听，需要独处时间，追求实际、执着的爱情，希望丈夫分担家务。

婚姻是爱情的坟墓吗？——心理误区

　　相比男人而言，女人的共性之一就是重爱情。所以在很多时候，女人更容易为情所困，不仅怀春少女如此，已婚女性也不例外。

　　有人说，情感生活和谐，女人自身、女人与男人乃至人与自然的关系才会和谐。然而，许多已婚女性没有找到应对婚姻生活的积极、合理、有效的生理、心理及行为模式，并且在认知上存在以下几个心理误区，因此导致了各种不同程度的"为情所困"。

　　第一，结婚了就什么都定型了，不用再在男女问题上费神了

　　很多已婚女性认为，结婚了他就是自己的了，为自己服务是理所当然的，不用再去经营双方关系了。其实这是一个心理误区。结婚不是爱情的终点和坟墓，而是爱情的现实满足方式。把一切视为应该或必须的想法，无疑会把动感的生活"定型"，使其僵化，使夫妻双方都因结婚而失去自我。要记住，天下没有什么事情是"应该"的；婚姻需要经营。

　　第二，夫妻之间无需敬待，说话可以无所顾忌

　　有些已婚女性无意中把丈夫当成了孩子、动物或机器，不懂得尊重或者不够尊重丈夫，说话肆无忌惮。

　　有一对夫妻，丈夫的姐姐曾经因外遇而离婚，妻子就经常拿此事来说三道四，还讽刺丈夫，说他们家风气不正、风水不好，并警告他不要学姐姐，等等。她自己倒没把这个当回事，认为夫妻之间

说什么都不过分，何况公公也经常这样说，然而"说者无心，听者有意"，丈夫深受其痛，最终因此和妻子断绝了关系。

第三，强加于人

很多已婚女性总是用女人的标准来要求男人，喜欢把自己的意志强加给丈夫。

比如，要求丈夫必须喜欢做家务，必须喜欢喂养小动物，必须每天洗头发，必须每天换一件衬衫，必须……如果丈夫不喜欢多说话，她就会说："你怎么这样？哪个男人像你一样不喜欢交际？"如果男人喜欢多说几句话，她又会说："你怎么这样？啰里啰唆，像个女人一样。"……结果使丈夫在家里非常有压力，体验到了太多的失败感，对妻子的感情也越来越淡薄。此时，妻子们倒困惑起来："这个家伙怎么不喜欢回家了？怎么对我越来越冷淡了？难道是有了情人……"

第四，错误理解夫妻快乐的责任

很多妻子认为，让自己的男人快乐就是尽到了妻子的责任。其实这完全是一种误解。男人是很容易达到兴奋点的，而且快乐、满足之后就会找不到南北而忘记了作为一个丈夫的责任。合乎男女生理和心理特点的夫妻快乐责任分配机理是：男人负责让自己的妻子快乐，女人负责告诉男人如何才能让女人快乐。

第五，对丈夫看管太严

这是妻子的通病，就是对丈夫看管得太严，什么事都要过问，什么事都想控制，即使自己根本力不能及。妻子喜欢搞出丈夫的电话清单来研究，甚至亲自或雇人对丈夫进行跟踪。其实这样只能把丈夫推得远离或更远离自己，本来没问题也搞出问题来。妻子需要控制，但不要乱来，控制不了的事情就不要管它，否则换来的只是自己的惶恐不安和丈夫的冷目以对。

第六，主张"女主内，男主外"

很多男人仍抱着传统观念不放，主张"女主内，男主外"，他们认为在外赚钱养家是自己的责任，但是一踏足家里就不属于自己的职责范围，哪怕妻子带着孩子，忙得像陀螺，他丝毫没有帮衬的意思，甚至安心地玩手机，打游戏，这样的心理和行为无疑会伤害妻子的感情，也会让婚姻慢慢向瓦解的边缘滑落。

以上就是婚姻中男女常常容易陷入的心理误区。我们只有走出这些误区，才能让夫妻二人的感情日益牢固，才能让婚姻保持持久度和新鲜度。

✎ 画重点

1. 婚姻中男女常常容易陷入心理误区，这很容易导致他们的感情分崩离析，最后为双方的婚姻画上句号。

2. 婚姻中夫妻存在六个方面的心理误区：结婚了就不用再在男女问题上费神了，夫妻之间说话无所顾忌，把自己的标准强加于对方，错误理解夫妻快乐的责任，对丈夫看管太严，抱着"女主内，男主外"的传统观念不放。

爱情的根基——亲密关系

在这个只有两个人有份的特殊恩赐之中，相互间有一种特别甜蜜的爱，是不能用笔和言语来表现的。

——赫尔岑

张强个子很高，性格开朗大方，喜欢每天下班后和朋友在一起聊天、喝酒，发泄着对生活的不满。经人介绍，张强和戴娆认识了，戴娆长得很漂亮，性格开朗大方。两人每次约会张强都会叫上很多朋友一起玩，大家相处得很开心。慢慢地，两人的感情开始稳定下来，可就是这时，张强发现再叫戴娆参加朋友聚会，戴娆都以各种理由推拒了，并且也不让自己去，要求自己单独陪着她。为此两人争吵了很多次。

张强和朋友们一嘀咕，觉得戴娆是那种控制欲、占有欲很强的人，如果娶回家，以后自己肯定会被管得死死的。因此张强退缩了，慢慢疏远了戴娆。此后张强又去相了几次亲，却发现都没有戴娆好。有一天，张强在咖啡厅再次碰到了戴娆，张强实在忍不住，把他的想法告诉了戴娆，戴娆沉默了很久，说："我没有想控制你，也不是不让你和朋友见面。只是那时候我太喜欢你，想和你单独在一起。"张强听了后，抓住戴娆的手表示想重新开始，戴娆慢慢抽出了双手，站起来说："我已经结婚了。"看着戴娆离开的背影，张强很后悔。

爱情的深浅决定着亲密关系的浓淡。随着感情的升温，相爱的两个人就想更亲密一点。亲密是人与人之间从一般性的交往进而互相吸引，从内心深处升起的一种互相渴望亲近、互相依赖、互相影响的一种情绪感受。故事中的张强没有认识到戴娆的要求是感情变浓的信号，而误认为是占有欲和控制欲，从而错失良缘，实在是让人很惋惜的事情。

爱情越浓，两人之间的关系越是亲密，冲突就越难避免，正确处理两人的亲密关系是决定爱情能否持续下去的关键条件之一。人在不断成长、发展与改变，亲密关系也在不停地改变着。

程峰结婚数年，夫妻二人一起上班，一起下班，一起出去旅游，一起看望父母，被别人誉为模范夫妻。程峰对这种相处模式很满意，觉得亲密无间。后来程峰的妻子因为调动工作，经常忙到很晚才回来。两人的生活节奏被打乱，程峰很不适应，两人开始争吵，程峰说妻子在家时间太少，不照顾家里，妻子则很委屈，指责程峰不体贴自己。两人的亲密关系开始破裂，最终以离婚收场。

亲密关系的维持需要靠两个人的互相理解和互相包容。亲密关系最大的隐忧就在于人们都想最大限度地从对方身上获取能使自己愉悦的感觉。程峰想要保有夫妻二人以前那样的亲密，这点本没有错，但是他忽视了妻子调动工作后，想给新领导留一个好印象，想做出一番成就的愿望，只是一味地指责妻子，导致亲密关系破裂。外界环境的改变会影响亲密关系的维持，我们应该随着变化而改变维持亲密关系的方式。

事实上，亲密关系的维系受许多因素的影响，要想恒久保持这一关系，就得做到以下几点：

第一，平等

平等是亲密关系维持的重要条件之一，按照公平理论（Equity theory），在任何形式的人际关系中，人们的付出应该与其收益成正比例。在爱情与婚姻等亲密关系中，人们并不是按最小的付出换取最大的收益这种方式来获取，而是追求一种大致的平等，付出多少，得到多少。所以在两人的相处过程中，其中一方一味地获取并且视这种不平等交往为合理行为，最终只会导致关系的破裂。在平等基础上的沟通，才能暴露出人们最真实的想法，这样才能调整相处的方式来稳固两人之间的亲密关系。

第二，沟通

现实生活中我们发现许多经常吵架的夫妻反而更能长久地维持亲密关系，这是因为他们通过争论来理解对方的想法。争论当中，女性比男性在摆观点、情绪敏感性以及自我展露等方面更为投入。也正是由于这些争论，使得夫妻双方更了解了对方。而其他亲密关系出现问题的夫妻主要就是缺乏沟通。在最终破裂的婚姻中，往往包含着更多的埋怨与不理解，并且对对方的关怀置之不理。双方积极友好的一面被忽略，而消极错误的一面被夸大。

第三，避免过度的嫉妒

在亲密关系中，嫉妒一方面是火热爱情的标志，它实际上反映了个体对这种关系越来越强的依赖性，另一方面，嫉妒也常常引发消极的情绪和行为，当这些消极情绪累积起来，在某个触因的激发下，有时候会导致很可怕的结果。尽管嫉妒具有消极的一面，但在爱情关系中，有时候一方会故意引发对方的嫉妒心理。1/4 的女性和1/6 的男性会向自己的伴侣炫耀自己以前的情人，以激起对方的嫉妒，从而使他们之间的关系更加密切。在恋爱关系中，嫉妒心越强的人越是感情投入多的一方。但是更多情况下，嫉妒会使关系受到损害，无助于两个人关系的增进。解决的办法是提高双方的沟通与协调技巧，通过沟通找到正确解决冲突的有效方法。保持亲密关系的双方最大的忌讳就是绝对不可以对自己的亲密爱人说出："如果你不这么做，我就要离你而去"之类的话，这样会引发双方之间的恐惧。

第四，保有各自空间

分分秒秒待在一起并非加深亲密关系的唯一办法。爱因斯坦在解释相对论时说过和一个老头子在一起三分钟像是一小时，和一个美女在一起一小时就像是三分钟。可是如果和一个美女时刻待在一起一年，也会感觉窒息。中国有句老话是这样形容婚姻的：七年之痒。这是相通的道理。让双方都有个独处的空间，自我的嗜好，能使双方活得更惬意，亲密关系也更能得到维系。

维系亲密关系最好的态度是放宽自己的心胸，同时相信对方，每天回想对方值得你爱的地方，加强想跟他厮守的念头，时时强化这种相亲相爱的感觉。习惯成自然，这样就可以使你们的亲密关系充满传奇，成为众人羡慕的对象。

总而言之，在社会心理学中，亲密关系是爱情最重要的构成成分之一，双方只有用爱、责任、宽容维持好亲密关系，承载着爱情的婚姻大船才能驶向更远的地方。

🖉 画重点

1.在社会心理学中，亲密关系是爱情最重要的构成成分之一。

2.夫妻双方要想维持亲密关系，需要做好四点：平等相待、及时沟通、避免过度的嫉妒、保有各自空间。

如何为爱续航——激情

爱是生命的火焰，没有它，一切都将变成黑夜。

——罗曼·罗兰

雨潇和蓝林正处于热恋中，两个人恨不得 24 小时和对方在一起，离开一会儿也难受。分开的时候心里总是时时刻刻想念着对方，不时发几条短信、MSN 消息之类的给对方，内容都是"想你了""你在干吗""有没有想我"这样一些抒发对对方关心或者讲讲自己在干什么之类的话。一旦对方消息回得慢一些就感到不安，要是对方几个小时都没有消息，就焦躁担心，甚至坐立难安，强迫症般地时时盯着手机和电脑看，生怕漏了对方的一条消息。

一下班，他们就飞奔着赶到约会地点，一起吃饭、逛街。两个人在一起总是有说不完的话，讲述各自工作、生活中的事，多数是一些琐碎的小事，而两人仍乐此不疲。有时候，什么话都说完了，就那么安静地待在一起，也觉得满腔幸福。就这么整天待在一起，分开后，两个人还要打很长时间的电话，谁都舍不得先挂断。

可是很快，激情开始退却，雨潇和蓝林不再像热恋时那样时时刻刻关注对方，约会的时候也没有了往日的那种悸动和美妙的浪漫，也开始希望有自己的私人时间和空间。注意到这个问题后，两个人也试着努力回到往昔的那种热情中去，可总也找不回那种感觉。周围的朋友都夸他们是"老夫老妻"，两个人脸上笑着，心里却有一丝惆怅：没有了激情，爱情该怎么办呢？

其实这种情况是完全正常的，雨潇和蓝林完全无需为这个问题担心。激情在爱情的三大成分中是最容易产生的，也是最容易消退的。激情消退了，可并不意味着爱情会随之而消失，否则，哪来那么多的天长地久的爱情故事呢？

激情是爱情的重要标志，它使得爱情区别于别的爱，比如亲情、友情等。它是一种强烈的情感，使人强烈地渴望与心上人有进一步的亲密接触。在一开始接触时，雨潇和蓝林并不很了解对方，因此对彼此来说，对方有很多新鲜的地方，每一次的接触，总是能发现对方一些亮点或者是让自己感兴趣的地方。这样一来，会发现对对方的了解还不够，双方接触的愿望就会越来越大，越来越渴望互相了解，也竭力将自己最好的一面呈现出来，激情便随之而产生。

一段时间之后，经过了较为充分的接触，两个人逐渐熟悉了，对彼此都有了比较深入和全面的了解，没有接触初期的新鲜感，便不会有这样的情感要求，感情也开始变得平淡。影视剧中经常说，老夫老妻之间有的是一种平平淡淡的感情，并最终升华为亲情，就是这个道理。

"问世间情为何物，直叫人生死相许"，我们总是在追寻这样天长地久、生死不渝的爱情。那么首先我们应该使得爱情产生，然后在精心的呵护下，彼此携手走向天荒地老。而爱情的动机就是激情，换言之，先用激情去点燃爱情的火苗。

然而激情来得快，往往去得也快。处于激情中的人们，在彼此眼里都是最完美的，会把对方的优点放大，忽略对方的缺点，甚至将对方的缺点也视为优点，渴望时刻在一起，永不分离。而当激情退却，很多问题开始浮出水面，之前的优点变得不那么突出，缺点开始影响对对方的评价，彼此也开始产生矛盾甚至对对方不满。

当然，我们也可以用一点小技巧来给日渐平淡的爱情一点惊喜。

第一，注重仪容仪表

不要因为彼此熟悉了就开始不修边幅，否则容易让对方产生厌倦情绪。试想，谁不喜欢对方总是打扮得漂漂亮亮出现在自己身边？这样容易让对方觉得自己被忽视了：你现在这样，说明你已经不重视我了，之前你可从来不这样。

第二，在适当的时候给对方一个小惊喜

像热恋时那样天天浪漫激情的确不太可能，但是偶尔一次的温馨浪漫呢？在对方的生日、你们的纪念日、情人节或者别的什么重要日子里，一次不需大费周折的海边漫步、烛光晚餐、自制的小卡片，总能带给双方说不出的惊喜。而且，这样一来，也显得自己重视对方，重视这份感情。付出不多，可到时候的收获会大大出乎你的意料。

第三，注重自我修养

不断自我提升、自我完善，让对方能不时看到你的变化，从而保持一种不断的新鲜感，让对方总能发现一个新的你。如此，你便能总是保持着一种独特的神秘感和魅力。

激情总有退却的一天，但是我们可以用小小的智慧、浓浓的爱意，在生活中常常制造一些小小的惊喜给彼此一种新鲜的感觉，为这爱情加上一层美妙的保鲜膜，来对抗时光的冲刷。同时也别忘了，激情退却下来后，爱情也会随之沉淀和升华，它会产生一种亲情，陪伴我们走过一生。夕阳中，白发苍苍的两个人互相搀扶着静看夕阳，不正是我们歌颂的天长地久的爱情吗？

美国心理学家斯腾伯格曾提出一个爱情理论，他认为爱情是由三个基本成分组成：激情、亲密和承诺。其中两人的感情如果缺乏激情的加持，那么爱情就会失去动力，从而有覆灭的可能，因此我们想要延长感情的寿命，就要想方设法，采取措施，保持双方的激情，为彼此的感情续航。

✎ 画重点

1.激情是爱情中的重要成分，失去它，婚姻就失去了继续前行的动力。

2.夫妻双方在日常生活中可以通过做这三件事情来增加双方的激情：注重仪容仪表、在适当的时候给对方一个小惊喜、注重自我修养。

爱情的基础和见证——承诺

　　　　誓言与爱情总是绑定的，知道了誓言，也就是知道了爱情。

　　龚蓉是一个爱情至上的人。她经常问男友方雷："你喜欢我什么呀？"方雷说："我也不知道我喜欢你什么，但就是喜欢你。"龚蓉听了很开心，觉得这才是真正的爱情，没有掺杂功利的东西。

　　龚蓉的家里负担很重。毕业后，身为博士的方雷为了龚蓉能照顾家里，于是在龚蓉家乡找了份工作，婚后，两人过得很甜蜜。有一天，龚蓉问方雷："为了我，你放弃留在大城市的机会，后不后悔啊？"方雷说："有你在，我就不后悔，我承诺过照顾你，我有这份责任。"

　　龚蓉听了方雷的话，不但没有高兴反而伤心起来，她认为方雷和她之间的爱情消失了。就在这时，有朋友告诉她看见方雷和一个漂亮的女孩在饭店聊得很开心。她偷偷地翻丈夫的口袋，发现了首饰店买玉镯的收条。她很难过，想报复，但是对方雷的爱让她打消了这个念头，她想到一句话："爱，有时需要放手。"

　　于是，龚蓉留下一封信和离婚协议书就悄悄离开了，信上说："爱情没有了，责任只会让我难过，玉镯套住了新的爱情，我选择成全。"方雷发疯般地寻找龚蓉，可惜没有结果，最后方雷病了，病得很重。龚蓉得到消息后，忍不住跑回家偷偷看望方雷，被方雷发现，方雷拽住龚蓉的手臂，从枕头下拿出一只玉镯套在龚蓉手上，说：

"责任从来都是爱情的体现。我不爱你就不会承诺。"龚蓉扑倒在方雷怀里。

龚蓉把丈夫的承诺视为没有爱情的表现，把责任从爱情里剔除，差点酿成分手的结局，这是她对爱情的不完整的理解。承诺是爱情的责任，也是爱情能够持续发展下去的基础，一个人守护承诺就等于守护爱情。没有承诺的爱，是逃避责任的借口，没有承诺的爱，是一种爱的人性化的丧失。爱的承诺，是建立在真正相爱基础上的。

爱情离不开承诺，没有承诺就没有将来。每一个爱情都会走过浪漫、激情，进入焦虑和不安，承诺是使爱情最后不走向消亡的办法之一。西方婚礼上，新婚夫妻都会宣誓："无论贫穷还是富贵，无论疾病还是健康，或任何其他理由，都爱他（她），照顾他（她），尊重他（她），接纳他（她），永远对他（她）忠贞不渝直至生命尽头！"这是一种神圣的行为。

但生活中，人们却总是畏惧于做出承诺，因为人们往往把承诺和自由牵连在一起。人们，尤其是男人，普遍把对爱情做出承诺看作是捆绑住自己的绳索。人们会对工作或事业承诺，事实上，人们通常对这种机会求之不得。但是人们对爱情做出承诺的时候，态度往往慎重许多。承诺意味着责任。

子涵和蔡卓相恋 7 年。在平时的相处中，子涵对蔡卓嘘寒问暖，照顾有加，蔡卓很是满意。可是就是有一点，蔡卓一直想不通：子涵明明爱着自己，对自己的各种要求百依百顺，身边又没有别的女人，可是每次自己让子涵做出承诺，子涵总是推脱，甚至于最后翻脸。

蔡卓一直觉得没有安全感，面对这样的情况，蔡卓陷入两难中，放弃子涵，觉得可惜，不放弃，自己的青春又只有这么几年，最终只能忍痛分手。而子涵也很痛苦，不明白为什么会这样？子涵说："我只是想简简单单地爱一次。她为什么老要我承诺，让爱情这么沉重？"其实子涵没有明白，对于蔡卓来说，爱情发展到了一定地步，就需要承诺来保驾护航。承诺可以增加蔡卓的安全感，使蔡卓更坚定地相信爱情。爱情从来就没有和承诺分开过。

承诺意味着一方想维持这份关系，并且依附这种关系之下；同时，承诺会促使双方做出种种有助于维持此关系的行为。在爱情中，承诺是神圣的，容不得信口开河，开空头支票，不要许下自己做不到的承诺。

一天凌晨，一对青年男女在云南某水库落水。消防员经过 11 个多小时的打捞，于当天上午将两人打捞上来。但两人紧紧相拥，很难把他们分开。费了不少工夫才将两人分开后，他俩的双臂却还保持着拥抱的姿势。经调查证实，两人是情人关系。事实上，男方早早就结婚了，而且妻子也怀孕多时，可因为男人不负责任的行为，导致情人也怀上他的骨肉。骑虎难下的男人在死前给妻子发过这样一条短信："我很想回家，可回不去。"

男人和妻子领证结婚，就意味着他已经做出承诺，有着自己的责任。可是他却贪恋围城外的激情，把自己的承诺变成空头支票，让两个女人的肚子都萌发了自己的种子。在最后，男人发出绝望的悲鸣，"我很想回家"——妻子即将生产，他的亲骨肉就要降临人世，他当然放心不下；"可回不去"——情人的肚子里他的种子也早已发芽，虽然只有 2 个月。一切都已经无法挽回了。

不管是一见钟情，还是千年相约，一吻定情只是浪漫的一刹那而不是永恒的相依相伴。只有出自内心的责任，许下承诺，才可以相伴长久；只有融贯双方的责任，才是真正的爱情。爱情让人着迷的是激情与亲密，而两者是短时间的存在，相爱的人必然会希望天长地久，永远在一起，那么责任便是保持爱情长久的最重要的条件。

有人鼓吹："掺杂了责任的爱情就不是爱情了，相爱就应该不顾一切地在一起，没有了爱情就应该分开。"这些观点实际上是那些没有责任感，只重视肉欲，重视物质的没有道德的自私的人为自己寻求的借口。

　　真正的爱情是离不了责任的，爱一个人就会想要照顾她（他），想要让她（他）过得开心，自然而然地就会对她（他）许下承诺，对她（他）负责。没有承诺，没有责任，那爱情就只是情感的一次冲动，最终只能消亡。

✎ 画重点

1. 承诺是爱情的基础，也是爱情的见证。

2. 真正的爱情离不了责任，爱一个人就对 ta 许下承诺，对 ta 负责。

应该怎样爱孩子？——爱，不是溺爱

一些家长忽视了父母作为教育者对孩子应有的教导社会规范的职责，在家庭中以孩子为中心，造成孩子也以自我为中心，后果是长大以后难以适应社会。

苏联教育家马卡连柯说过："父母对孩子爱得不够，子女就会感到痛苦，但是过分的溺爱虽然是一种伟大的感情，却会使孩子遭到毁灭。"

现在的家长们，在孩子的智力教育上舍得花费时间和金钱，却舍不得让孩子干一点家务活，自己统统包揽或者全部交给保姆。其实，家庭教育的最终目的是帮助孩子脱离父母走向独立，成功地构筑自己的生活。而干家务活正是增强他们的能力、自信与责任感的有效途径。在对孩子教育中，许多父母在"爱"的名义下，剥夺了子女健康生存的能力。

作为家长，都有望子成龙的心情，都想把孩子教育好，但是，在教育的过程中，许多家长都存在着心理误区，为避免家庭教育的误区，心理学家给了以下几个方面的建议：

第一，身教重于言教

有些家长对孩子要求十分严格，却从不注意发挥自己的榜样作用，不能以身作则。这样不仅教育不了孩子，还会让孩子深刻地认识和学习到虚伪的不良品质。这种环境下成长的孩子，性情多半会孤独、冷淡，学习、生活懒散，没有上进心和求知欲望。

第二，和孩子交朋友

独断专行之下培养出来的孩子，要么抵触心理特别严重，要么依赖心理过强，缺乏独立决断的能力，很容易在复杂的社会环境中迷失自己，受到伤害。

第三，培养孩子的责任感

有时候出了事情，家长不必急于出面，让孩子学会自己的事情自己做、自己的责任自己担。比如，把小伙伴的东西弄坏了，不必掏钱给他赔，让他自己出零花钱；玩具弄丢了，不要急着给他买，让他承受丢三落四的后果。多承担些责任，孩子才会长大。

第四，教育意见要一致

教育孩子时的互相拆台，会使教育功效事倍功半。所以家庭在教育孩子的问题上要预先协商，达成一致，绝不可当着孩子的面相互指责。而且，教育孩子时家长的态度不可朝令夕改、反复无常，否则孩子往往不去关注教育的内容，而是小心地揣摩家长的情绪。

家庭教育对一个人的心理成长几乎起着决定性的作用。家长应该保持科学、客观的心态，将教育孩子视为一项事业，才能不辜负作为家长的责任。

✎ 画重点

1. 对于父母而言，"溺爱"不是爱，请正确表达对孩子的爱。

2. 聪明的父母懂得和孩子交朋友、培养孩子的责任感、身教重于言教等，这些才是爱孩子的正确打开方式。

怎样让孩子更听话？——控制与反控制

孩子们好像总听不到你的话，是吗？其实，他们并不是故意想惹父母生气，只是不能和父母一样有紧迫感而已。他们在按照自己的时间表生活，而父母则是按照成年人的时间表生活和做事。

在日常的亲子活动中，我们总希望孩子能听自己的话，当他们遵从我们的指示时，我们感受到的是一种满足感和亲近感。而当孩子对你的话充耳不闻的时候，我们的内心会非常崩溃，甚至对他大喊大叫，愤怒斥责。

事实上，孩子听不见我们对他说的话，多数情况下是因为他对自己正在做的事情太全神贯注了。这个年龄段的孩子比更小的时候的兴趣范围更加广泛、程度更加强烈、注意力维持的时间也更长了，这就很难让他们马上停下手里正在做的事情，更何况他们还乐在其中呢。

有时，父母对孩子的期望值也过高：父母看到孩子在幼儿园里能够集中注意力听老师讲话，就理所当然地断定他在家里也同样能够做到。而真实情况是：孩子一回到家，就会很放松、很安逸，他觉得对父母没有必要像对老师一样总是听从。有时候，你的孩子行为懒散，注意力不集中，正是他感觉自己具有控制能力的一种体现，他想通过不理睬的方式告诉你："我想按自己的想法做事，我想做的时候再去做。"当然，在孩子累了、饿了、发脾气的时候，他也不会听从父母的要求。父母应该体谅孩子的情绪，给孩子机会让他放松下来。

　　具有讽刺意味的是，你越责备孩子对你的话不理不睬，他就越听不见。如果父母换位思考一下，对孩子的这种行为也就可以容忍了。你可以设想一下，当你正在专心观看一个电视节目的时候，你的妻子打断你说："把电视关了吧。该吃饭了。"但是，你并没有任何行为反应，那么你的妻子就会生气了，口气也开始不耐烦："该吃饭了。如果你还不关电视，那我明天晚上就不和你去看电影了。"听了这些话，你会有什么样的感受？你会乖乖地顺从吗？

　　让他明白前因后果，让他看着你的眼睛，他就会明白你在和他说话，你的话很重要。专家们建议，让孩子学会倾听的最好方法就是让他明白前因后果，比如，告诉他如果他现在不能马上去洗澡，过一会儿就没有时间看书和讲故事了。

　　这个年龄段的孩子逐渐能够懂得一些做事情的理由了，也开始考虑将来会发生什么事情了。比如，为了让孩子明白为什么他必须准时到幼儿园，你可以告诉他："老师希望你们都能按时到幼儿园，这样谁都不会错过听连续故事的下一集了。如果你迟到了，我上班也就迟到了。"

　　如果面对你的要求，你的孩子总是没有任何回应，那么你就有必要先问问自己，是不是自己一次对孩子提出的要求过多了。父母一下子对孩子提出几个要求并不罕见。有的父母会这样要求自己的孩子："时间到了，先把玩具收好，然后去刷牙、洗手、洗脸。别忘换上睡衣再上床。"

　　但是，对孩子来说，他很难记住所有的要求。所以，父母首先要使自己的要求简单化，提出要求后还要等30秒钟，看看孩子是否有回应，如果没有就再重复一遍。日常生活中，所有的父母都希望自己的孩子听到要求后马上行动，不要浪费时间。但这样的理想并不可能成为现实。

　　不过，父母可以想办法让孩子缩短拖延的时间。为了节省时间，也为了达到更好的效果，父母需要改变那种隔着很远命令孩子做这做那的习惯，而是要让孩子看着你的眼睛，这样他才能明白父母说的话是很重要的，不能当耳旁风。

让孩子倾听有 8 个办法：

第一，父母保持冷静

孩子也像成年人一样，别人命令他做事或者威胁他的时候，他总是故意拖拖拉拉。所以父母需要保持冷静。为了避免自己被激怒，父母在提出要求的时候，可以事先给孩子一些时间，可以对他说："再画 5 分钟你就必须去洗澡了。"

第二，让孩子重复一遍你说过的话

这样，你马上就能弄清楚孩子到底有没有听见你所说的那些话了。如果你的孩子确实不知道该如何去做，比如，他不会关上收音机，那么当你让他重复你的要求时，他就能趁这个机会告诉你他不会做。

第三，在游戏中让孩子顺从

你的孩子是不是喜欢把自己装扮成故事书里的人物？孩子一旦成为故事中的人物，反而能更加认真地听父母讲话了。而且，每一个孩子都喜欢幻想。父母与其在睡觉问题上和孩子发生冲突，还不如和孩子一起张开幻想的翅膀。先顺着孩子的思路设想："如果我们从来都不需要睡觉，那该有多好啊。那我们能很多天都不睡觉吗？……"你的孩子一定很高兴和你一起无边无际地遐想，然后，他很可能去考虑和接受现实生活的安排了。

第四，认真倾听孩子的讲话

当孩子告诉你一些事情的时候，父母应该把手机放下，专心听孩子讲话。如果父母以身作则，做一个好听众，那么孩子就会跟父母学着做。

第五，免去责备，直接描述你所看见的现状

不必抱怨孩子做得不好，父母应该尽量避免责备孩子。比如，当你看到孩子把玩具扔得到处都是的时候，与其质问他"为什么你把房间弄得这么乱"，还不如描述一下你所看见的现状并给出建议：

"我看见玩具到处都是，一不小心就会踩着、碰着。来，现在我们把玩具收好吧。"

第六，避免在短时间内让孩子开始做花费时间的事情

在孩子马上就要去上幼儿园或者去上学之前，最好不要让他开始画画；在不久就要出门的时候，父母不要同意孩子去看动画片。因为这些事情肯定做不完，到那时，想让孩子结束就难了。

第七，写明要做事情的清单

如果你感觉早上时间紧张，那么就告诉孩子早上出门前都需要做哪些事情，而且把每一件事情都写下来，或者用图形表达清楚。然后让你的孩子自己核对都做了哪些事：穿衣服、刷牙、洗脸、吃早饭。父母要把记录的清单放在显眼的地方，以便经常给孩子提醒。

第八，夸奖你的孩子是个好听众

孩子总是希望自己不受约束，但他们也想使父母高兴。当你的孩子听到你对他的行为表示赞赏的时候，他也会非常高兴，他感觉自己既没有受到约束又使父母高兴了。

最后提醒大家，让孩子听话，固然是一件让家长值得开心的事。但是如果家长过分控制孩子，就会让他失去独自判断的勇气与能力，也容易形成思维定式，墨守成规，自主判断能力较弱，容易受他人观点影响。所以，家长要把握好分寸，在保证自己权威的时候，也要给予孩子一定的自由。

✎ 画重点

1.孩子不听父母的话，并非他们有意为之。

2.孩子不听话，父母也不能责备，否则你越责备，孩子就越听不见。

3.要想让孩子听话，做父母的要保持冷静、让孩子重复一遍你说过的话、在游戏中让孩子学会顺从、避免在短时间内让孩子开始做花费时间的事情等等。

家有"青春期叛逆"儿怎么办？

　　青少年逆反心理常有如下多种表现：对宣传做不认同、不信任的反向思考；对先进人物、榜样无端怀疑，甚至根本否定；对不良倾向持认同感，大声喝彩；对思想教育蔑视对抗；等等。

　　老张夫妻俩工作都很忙，对儿子阳阳要求严肃，说一不二，缺乏关心和理解。张阳小时候不敢顶嘴，但现在一听到父母唠叨就发脾气，甚至一回家就进自己的房间，打个招呼都很难。最近一年来，上了高中的张阳成绩退步了，老张和妻子无论问他什么，都是"是"或"不是"三两个字。

　　最近老张听说，张阳在学校常因为头发不符合要求，不按时完成作业及考试成绩不理想而受到老师的批评，但他不仅不承认错误，还和老师顶嘴。老张想问问他在学校的情况，但每次一提到这个话题，张阳就很反感地大声嚷嚷："说个没完没了的，烦不烦啊。"然后"砰"地躲进自己的房间。

　　这件事让人想起苏联心理学家普拉图诺夫在《趣味心理学》一书的前言中，特意提醒读者请勿先阅读第八章第五节的故事。大多数读者却采取了与告诫相反的态度，首先翻看了那些内容，这就是逆反心理在作怪。所谓逆反心理，就是指人们出于维护自尊的目的，对他人的要求偏偏采取相反态度和言行的一种心理状态。逆反心理作用下，人们常与要求者"顶牛""对着干"，常做出以反常的心理状态来显示自己的"高明""非凡"的行为。

根据心理学的解释：逆反心理是客观环境与主体需要不相符合时产生的一种心理活动，具有强烈的抵触情绪。因此，逆反心理的客观条件有两个，即主体和客体。可以说，有思维能力的人存在于社会就会有逆反心理、逆反现象的存在，人的一生都存在着逆反心理。

由于青少年学生正处在身心发育成长的不稳定时期，思维的发展和逆向思维的形成、掌握，为逆反心理的产生提供了心理基础和可能。因此，逆反心理在成年前呈上升状态。

青少年学生的逆反心理有消极性，也有积极性。当逆反心理得不到合理调适就会呈现消极作用，使家庭教育、学校教育不能顺利进行，进而转化为矛盾，严重者会造成事故，甚至酿成悲剧。

青少年学生的逆反心理往往具有求异思辨的特点，是孩子智慧的火花，创造的源泉。积极的逆反心理是一面明镜，如能加以正确地利用和引导，既能收到良好的教育效果，又能促进学校和家长改进教育工作的方式方法。因而，面对青少年学生的逆反心理问题，应采取积极的态度，科学地分析，做到扬长避短。

逆反心理的产生原因包括以下几点：

第一，强烈的好奇心

由于阅历和经验的不足，青少年们不迷信、不盲从，具有较强的求知欲、探索精神和实践意识。但家长或教师在教育孩子时，为了让孩子不走弯路，常用自己的所得经验阻击孩子的好奇心。孩子受好奇心的驱使，听不进大人们忠告，对于越是得不到的东西，越想得到，越是不能接触的东西，越想接触。这样，孩子不听劝告的逆反行为就形成了。

第二，自我肯定的心理需求

对于青少年尤其如此。他们正处于性格形成和自我认识的时期，通过否定权威和标新立异可以满足自我肯定的心理需求。青年人不会满足于适应社会，他们还希望社会承认他们的价值和地位。因此他们往往有意采取逆反行为，以引起别人的注意。

第三，施教者的不足

施教者的可信任度、教育手段、方法、地点的不适当，更容易引发受教者的逆反心理和行为。在当今，各行各业竞争激烈，家长为了让孩子打好基础，教师为让学生出成绩，家长和教师多方加压，恨铁不成钢，教育方法失当。这样青少年学生的成长压力很大，成长历程被压变了形，失去了自由、失去了欢乐、失去了童趣。当压力超过青少年学生的承受能力时，矛盾必然产生，就会产生出逆反行为，甚至敌视父母、教师。

第四，不良精神刺激

有的人遭受过种种挫折，受到了不良精神刺激，逆反心理变得十分严重。比如，有的人多次失恋，便认为人世间没有真正的爱情，如果谁说爱情美，他们就会大加否定。还有，当青少年学生的自尊心受到伤害时，往往会给对方加以反驳，以维护自己的尊严。如：老师在教室里或当着全班同学的面批评某个学生；家长在朋友家或在孩子的朋友面前数落孩子的缺点。这些不当的教育方法也是引发孩子逆反心理的主要原因。

青少年学生的逆反心理是正常心理，也是问题心理。在社会中，在青少年学生的成长道路上逆反心理是必然存在的，它是一种正常的心理形态。同时逆反心理也给家庭教育、学校教育带来了一系列问题，是一个急需解决的心理问题。

对于家长而言，孩子进入青春期最大的变化是从儿童期间依恋父母，转向依恋朋友。因此产生了亲子关系冷淡，甚至有子女脱离家庭的倾向。此时，父母应善于引导，不仅关心他们的衣食住行，更要深入细致地观察他们的内心世界，经常与他们交流，同时也要尊重孩子"独立自主"的权利，允许他们有自己的一方天地，这样，才会使青少年顺利渡过这段情感不稳定的时期。

第一，家长要了解、顺应孩子生理、心理成长的规律

有了爱心的同时更应具有童心，对于孩子的好奇心，家长应适当给孩子提供探索实践的机会，不要以过来人的身份告诫孩子而阻击其好奇心，孩子在实践中虽然走了弯路，但其成长经验远比家长的说教强上百倍。随着孩子的成长，家长不要老是采用抚育婴幼儿的那种包办、监护的方式，留给孩子一定的独立空间，给他们一定的自主权利。

第二，家长要与孩子平等相处

家长不要用命令、训斥的口气对待孩子，也不要用粗暴和强制的方法管教孩子，真诚做好孩子的知心朋友。特别是当孩子提出一些要求、见解时，家长不要搪塞了事，使自己在孩子心目中丧失信赖感，阻塞心灵的通道。

第三，家长要树立正确的教育观

家长要看到孩子的长处，多体谅孩子的难处，善于理解孩子。不要给孩子加压，不要老是以榜样与孩子作比较，如果榜样起不到作用就会伤害孩子的自尊欲速则不达。只有让孩子有愉快轻松的心境，孩子才能健康、快乐地成长。

总而言之，青春期的叛逆心理是一种很正常的心理现象，它是伴随着个体生理及心理的发展所产生的，家长不必把它看作洪水猛兽，而应该关注孩子叛逆心理背后的需求，积极对其进行干预和疏导，这样才能收获一段健康幸福的亲子关系。

✎ 画重点

1.青少年学生产生逆反心理的原因有：强烈的好奇心、自我肯定的心理需求、施教者的不足、不良精神刺激等。

2.对待有逆反心理的孩子，家长要了解、顺应孩子生理、心理成长的规律，同时要与孩子平等相处，树立正确的教育观。

做自己的心理医生

——心理学让你更加健康

如果别人说你两句，你就受不了了，
被两句话干扰得吃不好，睡不好，
你琢磨琢磨你得有多脆弱啊。
能干扰你的，往往是自己的太在意；
能伤害你的，往往是自己的想不开。
你若平和，无人可恨；
你若不究，无人能扰。
不要和重要的人，计较不重要的事；
不要和不重要的人，计较重要的事。

扭曲了的自尊心——虚荣心理

在世上寻找一个毫无虚荣的人，就像寻找一个无私的人一样困难。其实，虚荣不过是被人们借来遮掩他们自私阴暗的心理罢了。

虚荣心是一种扭曲了的自尊心，它是以不适当的虚假方式来保护自尊心的心理状态，是为了取得荣誉和引起普遍注意而表现出来的一种不正常的社会情感。

有一位老板做生意失败了，但是他仍然极力维持原有的排场，唯恐别人看出他的失意。为了能重新站起来，他经常请人吃饭，拉拢关系。宴会时，他租用私家车去接宾客，并请了两个钟点工扮演女佣，佳肴一道道地端上，他以严厉的眼光制止自己已久不知肉味的孩子抢菜。虽然前一瓶酒尚未喝完，他已打开柜中最后一瓶 XO。当那些心里有数的客人酒足饭饱告辞离去时，都热烈地致谢，并露出同情的眼光，却没有一个人主动提出帮助。

希望博得他人的认可是人的一种无可厚非的正常心理。然而，人们在获得了一定的认可后总是希望获得更多的认可。所以，人的一生就常常会掉进为寻求他人的认可而活的爱慕虚荣的牢笼里面。

为什么人会产生虚荣心呢？荀子说："人生而有欲。"因为人是一种生命，生命自然有欲。有欲无欲是生命与非生命的分界。欲是生命之所以成为生命的本源。所以说，人的欲望是天生的。人有群体。有群体便有差异与不同，便有攀比和嫉妒的欲，于是便产生虚荣心了。所以说，虚荣心总是与攀比、嫉妒、追求等相伴而生的。

虚荣者在虚荣心的驱使下，往往追求面子上的好看，不顾现实条件，最后造成危害，有时甚至产生犯罪动机，带来非常严重的后果。虚荣者的内心其实是空虚的。他们表面的虚荣与内心的空虚总是不断地斗争：没有满足虚荣心之前，因为自己不如他人的现状而痛苦；满足虚荣心之后，又唯恐自己真相败露而受折磨。虚荣者的心灵总会是痛苦的，完全不会有幸福可言。

虚荣心强的人喜欢在别人面前炫耀自己昔日的荣耀经历或今日的辉煌业绩，他们或夸夸其谈，肆意吹嘘，或哗众取宠，故弄玄虚，自己办不到的事偏说能办到，自己不懂的事偏要装懂，一切为了提高自己。

虚荣心强的人喜欢炫耀有名望、有地位的亲朋好友，希图借助他人的荣光来弥补自己的不足，而对于那些无名无分、地位"卑微"的亲朋则避而不谈，甚至唯恐避之不及。

因此，虚荣心是要不得的，要正确把握、合理引导和适当应用，千万不能任其发展，殃及他人，祸及社会。对于我们每一个人来说，就是要使自己的虚荣心适可而止，做到顺着大路跑而绝不乱来。

第一，提高自我认知

提高自我认知，正确认识自己的优缺点，分清自尊心和虚荣心的界限。虚荣心强的人，在思想上会不自觉地渗入自私、虚伪、欺诈等因素，这与谦虚谨慎、光明磊落、不图虚名等美德是格格不入的。虚荣的人为了得到表扬才去做好事，对表扬和成功沾沾自喜，甚至不惜弄虚作假。他们对自己的不足想方设法遮掩，不喜欢也不善于取长补短。虚荣的人外强中干，不敢袒露自己的心扉，给自己带来沉重的心理负担。虚荣在现实中只能满足一时，长期的虚荣会导致非健康情感因素的滋生。

第二，做到自尊自重

诚实、正直是做人最起码的要求。我们绝不能为了一时的心理满足而丧失人格。只有做到自尊自重，才不至于在外界的干扰下失去人格。我们要珍惜自己的人格；崇尚高尚的人格可以使虚荣心没有抬头的机会。

第三，树立崇高理想，追求真善美

人应该追求内心的真实的美，不图虚名；一个人追求真善美就不会通过不正当的手段来炫耀自己，就不会徒有虚名。很多人能在平凡的岗位上做出不平凡的成绩，就是因为有自己的理想。同时，要正确评价自己，既看到长处，又看到不足，时刻把实现理想作为主要的努力方向。

第四，摆脱从众的心理困境

从众行为既有积极的一面，也有消极的另一面。对社会上的一种良好风尚，就要大力宣传，使人们感到有一种无形的压力，从而发生从众行为。如果社会上的一些歪风邪气、不正之风任其泛滥，也会造成一种压力，使一些意志薄弱者随波逐流。虚荣心理可以说正是从众行为的消极作用所带来的恶化和扩展。例如，社会上流行吃喝讲排场，住房讲宽敞，玩乐讲高档。

在生活方式上落伍的人为免遭他人讥讽，便不顾自己的客观实际，盲目跟风，打肿脸充胖子，弄得劳民伤财，负债累累，这完全是一种自欺欺人的做法。所以我们要有清醒的头脑，面对现实，实事求是，从自己的实际出发去处理问题，摆脱从众心理的负面效应。

第五，克服盲目攀比心理

横向地去跟他人比较，心理永远都无法平衡，会促使虚荣心越发强烈，一定要比，就跟自己的过去比，看看各方面有没有进步。

总而言之，虚荣心理是人们为了取得荣誉和引起普遍的注意而表现出来的社会情感和心理状态。这些心理状态对人的危害极大，因此我们要从内心教育自己，学会欣赏自己所拥有的真正的价值，千万不要让自己陷入虚荣心理无法自拔。

✐ 画重点

1. 虚荣的人往往追求面子上的好看，不顾现实条件，最后造成危害，有时甚至产生犯罪动机，带来非常严重的后果。

2. 我们要提高自我认知，做到自尊自重，树立崇高理想，追求真善美，摆脱从众的心理困境，克服盲目攀比心理，从而避免虚荣心理的危害。

有的人疑心特别重——猜疑心理

猜疑心理是人际关系的蛀虫，既损害正常的人际交往，又影响个人的身心健康。

话说古时候有一个人丢失了一把斧子。他怀疑是他的邻居偷了。他观察邻居，觉得邻居走路、说话、神态都像是偷了他的斧子。他肯定邻居就是小偷。然而不久后，他在自家地里找到了斧子，再观察邻居，觉得邻居说话、走路、神态竟全然不像小偷的样子。

这位丢斧者为什么会对同一个人做出前后两种截然不同的判断？这正说明，猜疑是一种主观的想象和推测，而不是以客观事实为依据的。

在生活中，我们常会碰到一些猜疑心很重的人。他们总觉得别人在背后说自己坏话，或给自己使坏。有时我们自己也喜欢猜疑，看到别人说笑，便以为他们在议论自己，心里就不痛快起来。喜欢猜疑的人特别注意留心外界和别人对自己的态度，别人脱口而出的一句话，他很可能琢磨半天，试图发现其中的"潜台词"。这样他便不能轻松自然地与人交往。久而久之，不仅自己心情不好，也影响到人际关系。

猜疑心理的产生原因主要有四方面：

第一，错误的思维定式。喜欢猜疑的人，总是以某一假想目标为起点，以自己的一套思维方式，依据自己的认识和理解程度进行循环思考。这种思考从假想目标开始，又回到假想目标上来，如蚕吐丝做茧，把自己包在里面，死死束缚住。

第二，相互间缺乏信任。一个人对别人越缺乏信任，产生猜疑心理的可能性也就越大。

第三，不良的心理品质。猜疑心理重的人通常也是狭隘自私、自尊心过强、嫉妒心强烈的人。

第四，受流言蜚语的影响。听信谣言，也会产生猜疑心理。

猜疑似一条无形的绳索，会捆绑我们的思路，使我们远离朋友。如果猜疑心过重的话，就会因一些可能根本没有或不会发生的事而忧愁烦恼、郁郁寡欢。猜疑者常常嫉妒心重，比较狭隘，因而不能更好地与同学朋友交流，其结果可能是无法结交到朋友，变得孤独寂寞，对身心健康都有危害，因此需要加以改变。

第一，培养理性，防止感情用事

猜疑者在消极的自我暗示心理下，会觉得自己的猜疑顺理成章、天衣无缝。"疑人偷斧"的故事就是很典型的例子。遇事保持冷静，多观察、分析和思考，克服"当局者迷"的认知误区，是消除猜疑的重要途径。

第二，进行思维转移

当自己胡思乱想瞎猜疑时，可转移思维去想其他美好的人和事物，这样会好些。

第三，坚持"责己严，待人宽"的原则

猜疑心重的人，大多对自己要求不高，对别人倒多少有些苛求。如果对别人的要求不那么高，就不会把别人的言行变化看得那么严重，许多无端猜疑就从根本上失去了产生的基础。

第四，用理智力量克制冲动情绪的产生

当发现自己开始怀疑别人时，应当立即寻找产生怀疑的原因，在没有形成思维之前，引进正反两个方面的信息。现实生活中的许多猜疑戳穿了是很可笑的，但在戳穿之前，由于猜疑者的头脑被封闭性思路所主宰，会觉得他的猜疑顺理成章。此时，冷静思考显然是十分必要的。

第五，培养自信心

每个人都应当看到自己的长处，培养起自信心，相信自己会与周围人处理好人际关系，会给别人留下良好的印象。

第六，学会使用"自我安慰法"

一个人在生活中遭到别人的非议和流言，与他人产生误会，没有什么值得大惊小怪的。在一些生活细节上不必斤斤计较，可以糊涂些，这样就可以避免自己烦恼。如果觉得别人怀疑自己，应当安慰自己不必为别人的闲言碎语所纠缠，不要在意别人的议论。

第七，及时沟通，解除疑惑

猜疑者生疑之后，冷静地思索是很重要的，但冷静思索后如果疑惑依然存在，那就应该通过适当方式同被疑者进行推心置腹的交心。若是有误会，可及时消除；若是看法不同，通过谈心，各自的想法为对方所了解，也有好处；若真证实了猜疑并非无端，那么心平气和地讨论，也有可能使事情解决在冲突之前。

猜疑心理重的人，往往在看待事物的时候比较偏执，失去了对事物客观判断和分析的能力，很容易造成人与人之间的隔阂、矛盾和冲突。因此大家一定要重视它的危害，学会自我调适，让自己尽快走出猜疑的困局。

🖉 画重点

1. 错误的思维定式、相互间缺乏信任、不良的心理品质，以及一些流言蜚语会导致人们产生猜疑心理。

2. 要想避开猜疑心理的干扰，应该理性，学会思维转移，坚持"责己严，待人宽"的原则，用理智力量克制冲动情绪的发生，培养自信心，及时沟通，解除疑惑。

为何喜欢吹毛求疵——完美主义心理

> 追求完美其实是一种普遍的心态，也不能说是错误的。但凡事有个度，如果追求完美过于僵硬、不懂得变通，就成了完美主义者，从而承受巨大的心理压力。

"完美主义"指对己或对人所要求的一种态度。持完美主义，对任何事都要求达到毫无缺点的地步，因而难免只按理想的标准苛求，而不按现实情境考虑是否应该留有余地。

每个人多少都有追求完美的倾向与需要，希望每件事都尽可能地做到完美的地步。这种倾向是人类追求自我实现与自我超越的动力源泉，促使人们为自己或某些工作设定较高的目标，并更加努力地去完成它。

但是，这种倾向若过度，就会变成完美主义。从心理学来说，"完美主义"是对完美一种过分的极端追求。那种完善自我，健康地追求完美，并且在努力达到高标准过程中体验到快乐的人，不是完美主义者。心理学上所指的完美主义者是那些把个人的理想标准和道德标准都定得过高，不切合实际，而且带有明显的强迫倾向，要求自己去做不可能做到的事的那种人。

完美主义的人往往不愿意接受自己或他人的弱点和不足，非常挑剔。比如，让自己保持优雅的姿态、不俗的气质、温柔的谈吐，这就是为自己定了一个过高的理想标准，而且也带有强迫的特征；会为一个自认为不优雅的姿态就紧张焦虑，这也并不是一个健康的追求完美的正常心态。

完美主义者表面上都很自负，其实内心深处却是非常自卑。比如，很少看到自己的优点，总是在关注自己的缺点，而且总是不知足，也很少肯定自己。不知足就不快乐，周围的人也一样不快乐。所以，学会欣赏别人和自己是很重要的，它是进一步实现下一个目标的基础。

在人际交往方面，为了维护自己这个完美的角色，完美主义者常常生活在一个狭小的圈子中。比如，很想可又不敢融入群体中去，怕暴露了自己的缺点。不敢表露自己的感情，不敢表达自己的观点和态度，给自己制定了太多的条条框框，以完美的标准要求自己，带给自己的却只有沉重的压力和深深的自责。对于别人的褒奖，只会感到诚惶诚恐，认为自己还差得很远。违心地满足别人的要求，委屈自己，打肿脸来充胖子。

在美国心理治疗界曾经发现有这样一类求治者：他们是成功的商人、艺术家、医生、律师和社会活动家等等，他们在自己的领域如鱼得水，出类拔萃，但他们的努力并未给他们带来所期待的幸福生活。

治疗家们发现他们具有这样一些共性：他们的成功既不能给他们带来成就感，也不能带来一个完整、独立的自我感受。他们寻找心理治疗以期给自己的生活带来意义，并克服空虚感。

治疗家发现这类人的自我系统处于分离状态：一方面，当他们获得成功时，他们可以体验欢欣；另一方面，在他们的内心深处却隐藏着深层的无价值感和自卑感。正是这种匮乏导致了他们将无所不能的完美主义倾向当作护身的盔甲。他们抱怨所有的成功都不能给自己带来快乐，没有人理解他们，他们也不能理解他们自己。

这些具有完美主义倾向的人，几乎全与童年的家庭教育有关。他们的父母为孩子树立的标准太高、太完美，在任何时候都是贬低他们而不加赞美。于是久而久之，这些孩子也就学会了总爱找自己的过错，认为自己不配被赞扬和被尊重，并以自我挑剔和自责为习惯，甚至产生了一种自虐的"快感"。

改变这种可怕性格的方法就是当事人重新树立评价自己的标准，改掉原来那种完美的、苛刻的、倾向于全面否定的标准，树立一种合理的、宽容的、注重自我肯定和鼓励的标准，学习多赞美自己，把过去成功的事例列在纸上，坦然愉悦地接受别人的赞扬并表示感谢。

有人问一位走红的国际女影星是否觉得自己长得完美。她说："不，我长得并不完美。我觉得正因为长相上的某些缺陷才让观众更能接受我。"能认识到自己有种种不足并能宽容待之的人，可以说是自信的，心态也是健康的。人生其实就像踢足球，即使最伟大的球星也会在比赛中失误。我们的目标是努力发挥最佳水平，但不能要求自己每一脚都是妙传，甚至射门得分。

事实上，醉心于追求"完美"的人，其实是不完美的。因为"完美"毕竟是抽象的，只有生活才是具体的。生活中有不少"完美"并非靠追求就能得到，相反，生活中有许多遗憾是无法避免的。假如我们在心理上战胜了这些，我们的内心就会稳健许多，就会重新感受到生活的乐趣。

第一，学会接受不完美的现实

没有十全十美的人，没有十全十美的事物。这是客观事实，不要逃避，也不要苛求。

第二，正确认知自我

既不要把自己的能力估计得太高，也不要过于自卑。如果事事要求完美，将成为你做事的障碍。要在自己的长处上培养起自尊、自豪和工作兴趣，不要在自己的短处上去与人竞争。

不要对自己太苛刻，不要为了让周围每一个人都对你满意而处处谨小慎微，要有点"我行我素"的气魄，做事只要对得起自己的努力和良心，不要太在意他人对自己的评价。否则，遇到挫折就可能导致身心疲惫。

第三，学会放松和排解不快情绪

情绪的过分紧张和焦虑，会影响一个人解决问题的能力；而生活中常常会遇到一些始料不及的事，应学会调节自己的情绪，保持生活的规律和睡眠的充足，以饱满的精神状态面对并解决问题。学会倾诉和寻求帮助来排解不愉快，生活中绝大多数人都有一颗助人为乐的心，找一个听你诉苦的朋友不会是太难的事。

第四，宽以待人

完美主义者是仔细周到的人，但是你要小心，不要总是指出别人的错误，让别人反感和紧张。也不要因为做事不合你的要求就牢骚满腹，尤其是对你的孩子。

刘同说："一个人的完美，恰恰在于他敢于呈现他的不完美。"完美的自己永远是可望而不可即的。当我们不再注意自己是否完美时，我们的心态才逐渐趋于成熟。

✎ 画重点

1.过度追求完美会让自己陷入自我怀疑，极度焦虑的情绪漩涡，无法自拔，同时也会造成彼此间的交流障碍，从而影响自己的人际关系。

2.要想攻克完美主义的"心魔"，我们需要正确认知自我，接受不完美的现实，学会放松和排解不快情绪，宽以待人。

恨人有，笑人无——嫉妒心理

所谓嫉妒，一般是指个人在意识到自己对某种利益的（潜在）占有受到（潜在）威胁时产生的一种情绪体验，总是与不满、怨恨、烦恼、恐惧等消极情绪联系在一起。

培根说："嫉妒能使人得到短暂的快感，也能使不幸更辛酸。"嫉妒是一种复杂的情绪，它认为别人往前走就是自身的后退，于是敬畏、屈辱、自卑、恼怒之情便纷至沓来，撕咬着人的心。这当然是难以忍受的。怎么办呢？最好的办法是寻出对方的短处来。实在寻不出来时，就想办法造个谣，拼着命把别人拉下来，因而心胸狭窄之人必然是自己长进了，就不允许别人长进；自己不长进，尤其不允许别人长进。

有嫉妒心的人，自己不能成就伟大事业，便尽量低估他人的伟大，使之与他本人相齐，或者用怀疑别人动机、诬蔑别人伪善的办法，来剥夺别人可敬佩的成就。于是，因嫉妒而产生的种种心态便表现出来：或消极沉沦，萎靡不振；或咬牙切齿，恼羞成怒；或铤而走险，害人毁己。嫉妒比坟墓更残酷。

巴鲁克说："不要嫉妒。最好的办法是假定别人能做的事情，自己也能做，甚至做得更好。"记住，一旦你有了嫉妒，也就是承认自己不如别人。你要超越别人，首先你得超越自身。波普曾经说过："对心胸卑鄙的人来说，他是嫉妒的奴隶；对有学问、有气质的人来说，嫉妒却化为竞争心。"坚信别人的优秀并不妨碍自己的前进，相反，却给自己提供了一个竞争对手，一个榜样，能给你前所未有的动力。事实上，每一个真正埋头沉入自己事业的人，是没有工夫去嫉妒别人的。

从心理学角度分析，嫉妒是一种病态心理。当看到别人在某些方面高于自己时（有时候仅是一种似乎的感觉），便产生一种由羡慕转为恼怒、嫉恨的情感状态。

嫉妒的范围是很广的，包括嫉人、嫉事、嫉物。手段也多种多样。有的挖空心思采用流言蜚语进行恶意中伤，有的付诸手段卑劣的行动。报纸上曾经刊载过这么一则消息：有个女人嫉妒人家的一个男孩长得好，竟然将那男孩掐死扔进井里。当然，这是极端嫉妒者的典型。

根据嫉妒发生的速度与强度，可分为两种：一种同激情相联系的嫉妒，称之为"激性嫉妒"。这种嫉妒带有强烈的激情性质，来势凶猛，发展迅速，难于控制。另一种与心境相联系，被称为"心境嫉妒"。该嫉妒缓慢而持续，对人体的影响不如前一种明显，但可改变人的性格。主要表现为郁郁寡欢，忧心忡忡，产生孤独情绪，乃至积愤成疾。

现代精神免疫学研究揭示，脑和人体免疫系统有着密切的联系。嫉妒导致的大脑皮层功能紊乱，可引起人体内免疫系统的胸腺、脾、淋巴腺和骨髓的功能下降，造成人体免疫细胞与免疫球蛋白的生成减少，因而使机体抵抗力大大降低。

对嫉妒的危害，我国的传统医学早就有过论述。《黄帝内经》明确指出："嫉火中烧，可令人神不守舍，精力耗损，神气涣失，肾气闭塞，郁滞凝结，外邪入侵，精血不足，肾衰阳失，疾病滋生。"

嫉妒心理是一种破坏性因素，它破坏友谊、损害团结，给他人带来损失和痛苦，既贻害自己的心灵又殃及自己的身体健康，对生活、人生、工作、事业都会产生消极的影响。正如培根所说："嫉妒这恶魔总是在暗暗地、悄悄地毁掉人间的好东西。"因此，必须坚决地、彻底地与嫉妒心理告别。

如何克服嫉妒情绪呢？

第一，充分认识嫉妒心理的危害性

嫉妒是社会生活的腐蚀剂，腐蚀人的品质、损害人的事业、形象和身心健康。要克服偏激、增强自信，待人力求不受个人心境、情绪的干扰。

第二，调整自我价值的确认方式

简单地与别人比较往往会导致片面的看法。研究表明，自我价值确认越是倾向于社会标准（通过周围人、社会流行观念等），就越容易引发嫉妒；越是以自己的思考、内在的准则为参照，就越会减少嫉妒。能够体现出个人价值的方面很多，而每个人的优势和劣势又不尽相同。所以，用统一的标准衡量人的价值是不准确的。人生更重要的事是不断超越自己，而不是超过别人。

第三，"想开些"

人生总有不如意之事，所谓"人人都有本难念的经"。如果正处在愤怒、兴奋或消极的状态下，能较平静、客观地面对现实，可以达到克服嫉妒的目标。

第四，自我驱除

嫉妒是一种突出自我的表现。无论什么事，首先考虑到的是自身的得失，因而引起一系列的不良后果。若出现嫉妒苗头时，即自我约束，摆正自身位置，努力驱除嫉妒心态，可能就会变得"心底无私天地宽"了。

最后，提醒大家在减少自己嫉妒心的同时，也要学会消解别人的嫉妒心，尤其在不如意者和不如自己的人面前，应采取谦虚谨慎的态度，不要经常去谈自己得意的事情，也不要过分夸大自己的成绩。此外，要有意识地暴露自己的一些不足和苦恼，避免激起他人心理失衡，以赢得更多的朋友。

✎ 画重点

1. 嫉妒是一种病态心理，它不仅会伤害自身的健康，还会破坏友谊、损害团结，给他人带来损失和痛苦。

2. 要克服嫉妒情绪，应该需要充分认识到它的危害性，调整自我价值的确认方式，及时进行自我约束，摆正自身位置，努力驱除嫉妒心态。

莫说能撑船，小肚如鸡肠——狭隘心理

所谓狭隘，也就是人们常说的气量小，心胸狭隘。狭隘心理是许多不良个性的根源，嫉妒、猜疑、孤僻、神经质等不良表现都源于狭隘心理。

狭隘是一种心胸狭窄、气量狭小的心理和人格缺陷。狭隘者常常表现为：吝啬小气，斤斤计较，吃不得亏，会想方设法弥补"损失"；不能容忍他人的批评，不能受到一点委屈和无意的伤害，否则便耿耿于怀、伺机报复；一点小失误就认为是莫大的失败、挫折，长时间寝食不安；人际交往面窄，追求少数朋友间的"哥们儿义气"，只同与自己一致或不超过自己的人交往，容不下那些与自己意见有分歧或比自己强的人。

在生活中，我们很多人可能都被狭隘伤害过。比如，你是一个有作为的职工，可是领导偏偏不重用你，有何好事，全照顾给自己的亲信；你是一个正直诚实的雇员，但因为你的正直诚实偶然得罪了老板，于是你经常被穿小鞋，受累受气；或者仅仅因为你是一个残疾人，你就遭尽了别人的白眼；仅仅因为你自作主张过一次，你就永远和"不听话""太自由"等字眼儿挂上了钩……所有这些，不是狭隘是什么？

那么，是什么导致了狭隘？一般说来，封闭是造成狭隘的一个重要原因，另外还有出身、阅历、性格、修养等多种因素。所谓封闭，有外在环境的封闭，也有内在心灵的封闭。有时候两者是合二为一的关系。狭隘的产生同家庭中不良因素的影响有很大关系。父母狭隘的心胸，为人处世的方法，不良的生活习惯等对子女有潜移默化的影响。有些子女狭隘的性格完全是父母性格的翻版。

另外，优越的生活环境、溺爱的教育方法往往易形成子女任性、骄傲、利己主义等品质，自然受点委屈便耿耿于怀，对"异己"分子不肯容纳与接受。尤其是一些年轻人，阅历浅、经验少，遇到问题后，容易把事情想得过于困难、复杂，加之对自己的能力估计不足，对事情感到无能为力，因而容易紧张、焦虑、心胸狭隘。心胸狭隘有百害而无一利，必须加以克服。

狭隘的人，不仅生活在一个狭窄的圈子里，而且知识面也往往非常狭窄。因此，开阔的视野很重要。如多参加一些社会公益活动，参观一些伟人、名人纪念馆，听英雄人物事迹报告会等。这能使你在亲身经历中感悟很多人生道理。也可以丰富业余文化生活，参加多种多样的文娱、体育活动，拓宽兴趣范围，使自己时刻感受到生活、学习中的新鲜刺激，感受到生活的美好，陶冶性情，从而在健康向上的氛围中增强精神寄托，消除心理压力。

狭隘的人，其心胸、气量、见识等都局限在一个狭小范围内，不宽广、不宏大。因此要多与人接触，使自己对不同的人有不同的认识，从而积累经验，从中明白许多对与错的道理。善于宽容是人的一种美德。对任何事都斤斤计较，一定是一个狭隘的人。受情绪、认识等的影响，这种人会产生一些盲动的行为，甚至会导致难以预料的后果。

要想摆脱狭隘心理，我们要培养集体主义精神和高尚的情感，进行正当的人际交往。与人相处应热情、直率，善于团结互助，融"小我"于"大我"之中。交往的增多，可加深彼此了解与沟通，更透彻地了解别人与自己，开阔心胸。如果认识不到这一点，不愿结交与自己意见相左或强于自己的人，那你永远只能在你的小圈子中徘徊。

　　一个人活在世上，就要充分地挖掘生命的潜能，为自己、也为给别人留下点有价值的东西。一旦把眼光放在大事上，自己一时的得与失就算不上什么了，对整体、全局有利的人与事就都能容纳与接受。抛开"以自我为中心"，就不会遇事斤斤计较，"心底无私"才能"天地宽"。

　　此外，在闲暇时，不妨走出家门，到大自然中去领略它的博大、美丽。大自然会让人感到自己的渺小，培养豪迈气概，从而有利于走出狭隘的内心世界。

✎ 画重点

　　1.狭隘是一种心胸狭窄、气量狭小的心理和人格缺陷。狭隘的人对任何事都斤斤计较，会产生一些盲动的行为，甚至会导致出现难以预料的后果。

　　2.要想摆脱狭隘心理，就要培养集体主义精神和高尚的情感，进行正当的人际交往。

日常生活中的心理学

——心理学帮你解决难题

心理学的顶级思维：
永远不要抱怨已经发生的事儿，
要么改变，要么接受；
不要对过去的错误耿耿于怀，
所有的纠结不过是时间的烟尘；
关注自己，当你羡慕别人的时候，
别人也在看向你，羡慕你的幸福；
一个人的生活也可以很有意义，
不要抱怨没有朋友，
你可能也是别人心中的 NO.1；
不要期望任何人都理解你，
哪怕是对你最好的人；
不论何时，无论何地，
你都有能力改变自己，
即使处于困境，都保持向上的勇气，
因为你的力量足以改变一切。

对工作产生倦怠感怎么办?

只要调试好自己的心态, 你就一定能在职场中寻找到
新鲜的水源, 做一条自由欢快的鱼。

老林跳槽到了一家新的单位, 他很庆幸自己能够找到一份合适的工作, 专业对口、收入颇丰还很稳定。这可是很多人梦寐以求的啊。工作伊始, 老林尚能满怀信心地投入工作, 可是一年过去了, 老林发现工作永远是那样井然有序, 所有的行为都和计划的没有什么差别, 没有任何新鲜感, 自己再也不像刚来的时候那样为了某个项目的完成而沾沾自喜了。

这个工作不能再带给他快乐和满足, 尤其是当他看到办公室的种种争斗时, 更感到厌倦万分。他的情绪开始低落, 行为变得古怪, 经常发牢骚、发火……究竟自己是怎么了? 老林不能解释这些。老林周围也有很多朋友有类似的现象。

其实, 老林是产生了工作倦怠感。所谓工作倦怠感, 是指人们在紧张与忙碌的日常生活及工作过程中, 生活上的以及工作中的情绪感受会随着大环境的变动, 而呈现出一种身心紧张或调试不当的负面行为。

染上工作倦怠的人犹如失去水的鱼, 备受窒息的痛苦。据调查, 现代人产生工作倦怠的时间越来越短, 有的甚至工作 8 个月就开始对工作厌倦, 而工作一年以上的白领人士有高于 40% 的人想跳槽。

心理学家多德拉认为, 如果一个环境给你带来了不良症状和障

碍，那么你在这个环境中就会遇到许多心理上的冲突。要解决这些症状和障碍就得去认识你身上存在的心理冲突。

一般白领心理上的冲突主要表现在以下几个方面：

第一，渴望成就与惧怕改变的冲突

心理学家马斯洛认为，在一切基本需求都得到满足的时候，实现自我价值就成了一个人的最终目标。职业顾问说，没有变化的例行工作，最容易导致上班族出现工作倦怠感。在变化中求生存，任何单调的东西只能给人带来厌恶，这是很多人都明白的道理。

但是许多白领阶层尽管已经对现状感到厌恶，还是惧怕改变自己。多年养成的工作生活习惯已经定性，程式化的思维和工作方法已经固定，工作的辛苦和劳累、缺乏创新的刺激，已经使他们的大脑越来越懒惰，他们不愿去想、不敢去想已经在危害着他们身心健康的种种因素。因此，一方面缺乏成就感需要改变，一方面又惧怕改变，二者的冲突自然就给本来繁重的工作增加了不少危险。

第二，做优秀职员与做合格家人的冲突

步入成熟的白领通常担当着不同的社会角色：公司职员、慈爱父母和孝顺儿女等。特别是男性，家庭中的琐事经常会占据生活中的一大部分，更容易陷入焦虑状态中。众多角色集于一身，难免会给人造成很大的压力，既想工作上有所成就，又想顾及家庭的幸福，使许多职场中的人因为身不由己而陷入深深的苦恼中。

第三，需要关怀与维护自尊的冲突

从某种意义上说，社会的进步和飞速发展使人产生了异化。为了使人力资源能够得到最大限度的利用，企业使用了先进的管理措施和高级的技术设备，使人处于不停的忙碌状态，进而减少了相互交流的时间和空间。人是有感情的动物，他本身对交往的需求永远都是存在的，尤其是在工作压力大的时候更需要情感上的抚慰。但是现代社会又给人提供了感情冷漠的土壤，特别是有了一定地位的白领阶层，更是不愿意放下自己的自尊心，不愿意主动和人交流。

尽管他们很渴望别人的关心，希望和别人交流自己的想法，但是他们还是龟缩在维护自尊心的安全地带。

知道了症结所在，解决起来也就会有的放矢了。

第一，打破心理的界限，做自己的主人

在公司里，很多人抱怨工作任务太繁重，没有时间想自己该想的，做自己该做的。其实，这是惰性形成了内心的界限，把你限制在一定的活动范围内。很多你认为无法改变的事物其实只是自己心理的界限把它封闭了，勇敢地去想象、去突破、去改变，这样你才会在职场潇洒地遨游。

第二，转移情绪，消除怨气

良好的心态是生活快乐的秘诀，心理学家告诫：先处理心情再处理事情，不要带着怒气去工作和生活。再聪明的人也会因为情绪不良而失败。做一个情商高的人不是什么难事，只要你每天注意那么一点点就行。回到家前先告诉自己笑一笑；周末放下所有负担，和家人一起逛逛公园；生气的时候伸个懒腰，站起来走走；经常换不同的衣服穿……有心做到的人永远会快乐。要知道，生气是拿别人的错误惩罚自己。

第三，和和睦睦万事兴

在公司里活得最不开心、工作做得最差的往往是那些人缘不好的员工。新员工学历傲人，唯我独尊；老员工资历不浅，心中不服……事业一筹莫展的人总想和别人比个上下高低，但是这样只会伤害了同事之间的关系。古人云，退一步海阔天空，何不聪明一点儿搞好同事关系呢？给自己创造良好的人际环境就是为自己积累财富。

著名心理咨询专家唐汶告诫大家做人要把握以下"五不"原则：倚老不卖老；弹性不固执；幽默不伤人；关心不冷漠；真诚不矫情。所以放下架子吧，这样你就有了成功的基础。

✎ 画重点

1. 当一个人在职场出现这三种心理上的冲突，就会对工作产生倦怠：渴望成就与惧怕改变的冲突、做优秀职员与做合格家人的冲突、需要关怀与维护自尊的冲突。

2. 当一个人对工作产生倦怠时，要敢于打破心理的界限，做自己的主人；转移情绪，消除怨气；不和别人比上下高低，和他人和睦相处。

怎样避免成为夹心饼干？

> 不会授权给下属的管理者，只会把上下级关系搞僵，
> 加大上下级之间的心理距离，导致彼此间缺乏吸引力，流
> 转不畅。

姜先生苦心奋斗了十年，终于从一文不名的小职员做到带领上百人的中层管理者，家庭和事业都日益稳固，然而，让他苦不堪言的是，他总感觉自己夹在上级和下级之间，就像风箱里的老鼠一样，两头受气——上级不敢得罪，下级还得想办法调动他们的积极性，却唯有自己无人理睬……

作为中层管理者，一个很重要的职责就是在上级和下级之间承上启下，起协调的作用。因此，必须具备很强的心理承受能力。

实践证明，造成上下级关系失调的根源是多方面的。但是，问题的主导在上级方面。所以，首先要分析产生问题的双方的心理根源，然后找到解决问题的办法，那就是上级在实际工作中首先要通过合理授权，协调好工作关系。

授权就是上级将权力和责任授予下级，使下级在一定的监督下，有相当的自主权。授权后，上级可以保持指挥和监督的权力，被授权者负有完成任务的责任。在日常工作中，上级可以纠正下级的错误，但不应该代替下级做决定，不能干扰下级的权力。

上级将部分权力分授予下级，就是使用"分身术"，使部分权力和责任由下级分担。这样，上级就可以使自己的一脑变多脑，一身

分多身，使上级的智慧和能力放大。从实质看，授权是一种各负其责的民主领导方式。

上级的科学授权，一是可以减少上级的负担，使其从繁重的工作中解脱出来，集中精力考虑处理大事，搞好重大问题的决策和全局性的指挥；二是能够发现人才，利用人才，锻炼人才。上级通过授权，可以调动下级的积极性、主动性和创造性，让下级在工作中施展真才实学，这样有利于下级的锻炼、提高和发展；三是授权减少了某些请示和批复的工作环节，提高了工作效率；四是能够改善上下级的关系，使上下级的关系从类似主仆关系变成合作共事、相互支持的关系，上下级关系会更融洽。

但是，应该让上级从心里认识到，授权必须遵循一定的原则，否则，就不能很好地指挥和监督。

第一，遵循一级给一级授权的原则

授权应该在直接上下级之间进行，不能越级授权，更不能将自己权力范围之外的事授予下级。比如，上级把权力授予你，你再根据自己下级的工作职责，相应地授予你的下级。否则，容易导致管理层的矛盾和管理的混乱。

第二，因事择人，视能授权

工作需要是择人授权的出发点和目的。但是，把权力授予谁，应该先了解下级的素质和能力，做到先知其人，然后再授权。

第三，权责利对等统一

这是指被授权者的任事权有多大，责任就应该有多大。任其事，行其权，负其责，干好了或干坏了，都有利益上的说法，即权责利相符。

第四，要保持有效的控制

授权不是撒手不管，否则必然是失控。因此，既要授权，又不要失控，既要调动和发挥下级的积极性和主动性，又要保持上级对整个工作的有效控制，这是授权时必须遵守的一个原则。为了保持对整个工作的有效控制，可以通过制定明确的工作准则、考核办法、报告制度和监督措施等方法，一旦发现下级严重偏离目标，就及时加以纠正。

这样的授权，在每一个层次的管理者之间都存在，都必须遵循一定的原则进行。作为中层管理者，你既要完成上级交给你的任务，同时又要帮助上级监督和指挥下级员工来完成任务，这种中间的协调作用就像是润滑剂，时刻保证上下级关系轴承的良好运转。

画重点

1.作为中层管理者，在上级和下级之间承上启下，必须具备很强的心理承受能力。

2.中层管理者要想避免成为夹心饼干，需要遵守四个原则：一级给一级授权；因事择人，视能授权；权责利对等统一；要保持有效的控制。

职场上受伤了怎么办?

　　　心理学研究发现:一个人心理承受力的高低,从表面看是与事件的刺激量成正比,而真正的影响内因是人的自我价值感,即一个高自我价值感(自信)的人相对于一个低自我价值感(自卑)的人面对同一件事情的压力,所呈现的反应及结果有着明显的差别。

　　风云变幻的职场,再坚强的心也难免受到伤害,而大多数人不愿把伤口暴露给别人,总是自己化解。可是,你知道怎样化解才能抚平伤口不留后患吗?

　　心理学上对"受伤"的解释是,客体未能满足主体的需要而形成伤害。未能满足"我"的需要有多种原因:可能是"我"没有表达需求或表达得不明确;或是对方没有能力满足;也可能是对方没有正确理解我的需要;等等。

　　无论是哪种原因造成的心理伤害,都需要我们以全然接纳、允许的心态来面对,不要把冲突的对方看成"敌人",否则你永远摆脱不了受伤的感觉。

　　第一,委屈

　　前几天,老板将珍小姐叫到办公室狠狠训了一顿。原因是珍小姐手下的一位新员工在外面联系业务时,言行有损公司形象,被反馈到老板那里,老板很生气,把一腔火气全发到珍小姐身上。

　　明明是别人的错,却要珍小姐承担;而且为了顾及老板的尊严又不便过多辩解，只能独自默默忍受，珍小姐觉得很委屈。

珍小姐受伤的原因是老板把别人的过错转到她的身上，让她承受了本不该由她来承受的责罚。但透过这件事本身，其实老板要告诉珍小姐的一个重要信息是：我把这个部门交给你负责，是因为我信任你，你要对我的信任负责。而珍小姐没有接纳来自对方的信息，却只从自己的角度看问题，所以才感到委屈。

遇到这样的意外状况，首先是试着去接纳它。接纳的具体方法是：了解事件背后的正面动机；理解个人成长的背景与历程。

了解正面动机的目的，是为了消除自己的负面情绪。这件事的正面动机是，老板对珍小姐是信任的，即使责备珍小姐，也是为了提醒她，应该对他给予她的信任有所担当。如果珍小姐了解了这个正面动机，就不会过多地抱怨了。

此外，理解个人成长的背景与历程。每个人的性格秉性跟他的成长环境有重要关系，通常爱发脾气的人都是性格急躁、过于主观的人，这是他的一贯作风，而并非单单针对某一个人才这样。这样一想，珍小姐就不会钻到牛角尖里过分伤害自己了。

第二，愤怒

张敏被指派到市场部协助工作，跟她合作的是一位性格倔强的中年妇女，仗着自己在公司的资历，时常对她出言不逊。张敏一忍再忍，不想在大庭广众之下做出过激的行为。可是最近一次，两人因为分工问题争执起来，那位中年妇女竟然没理找理大大发了一次火，还摔了张敏的手机。张敏的一腔怒火无处发泄，心里的难受劲儿就别提了。每每想起，就脸红心跳，觉得自己很窝囊。

张敏感觉受到伤害主要有两方面原因，一是心里充满愤怒和不平，而在冲突的过程中，双方的力量是不平衡的，张敏的情绪没有及时发泄；二是张敏觉得自尊已经受到伤害。

面对这种不愉快的经历，张敏的当务之急是及时释放自己的负面情绪。

首先要澄清一个概念，即负面情绪并非都是不好的。其实，情绪本身是中立的，无所谓好坏对错。通常被我们认为是"负面的情绪"的，是指情绪反应与现有的身份、环境或工作角色发生冲突，可能会产生负面的影响。张敏压抑自己的愤怒，无非是怕这种情绪会影响她在单位的职业形象，对今后的发展不利。

医治这种伤害的主要方法是释放。"释放负面情绪"是指在情绪发生时，选择一个安全的环境，将所体验的情绪感觉（如委屈、愤怒、难过、悲伤等）宣泄出来，而宣泄环境的安全是至关重要的。

1. 运动式释放

在不伤及自己或他人的情况下，在无人的旷野、海边、大草原、山顶、空旷的操场、家里的浴池、卫生间等地方，用灵活多样的方式，如疯狂的呐喊、狂舞、打假人、放飞镖等，来释放愤怒情绪，但要在释放的过程里保持心灵觉察，即我明白此时的心理感觉是什么。

2. 独处式释放

每晚给自己一段安静的、不受外界打扰的时间，至少一个小时，敞开心扉，让一天里的所有情绪、感觉完全呈现出来。在此期间，放弃头脑里所有的分析、判断、推理，任情感肆意流淌。待情绪释放完毕，再试着将这些情感用"我感觉……"的句式表达出来。你越能细腻地了解自己的感受，便越能知道那些感觉背后的需要是什么，而你也将逐渐学会和自己相处，温柔地对待自己，这时，"善待自己"就不是一句空话了。

第三，孤立

欣然是公司的新员工。由于她各方面都很优秀，深得老板赏识。就显得与周围的同事格格不入。有一次，她无意中发现其他同事在背后诋毁自己。欣然非常伤感，可又无处诉说，她觉得自己很孤单。第二天早晨，她徘徊在公司门口，迟迟不愿走进去。

在一个工作环境，新来的人总是难以快速地产生归属感。尤其是各方面都比较优秀的人，会使其他人产生嫉妒心理，更会有意无意地孤立她。而老板的鼓励又促使她越发好强，以便更好地保护自己。这就形成了一个恶性循环：被孤立——更好强——更优秀——更孤立。所以当欣然听到被人背后诋毁自己时，会产生一种推断：其他人都是一伙儿的，只有她一个人被排除在群体之外，这种无形的力量伤害了她。

人的每一种情绪反应下隐藏的是心理需求未被满足。如果一个人因被孤立、被忽略而沮丧时，她需要的是被重视、被容纳和被关怀。在生活里，能满足我们需要的人是不尽相同的，假如你很在乎爱人的认可，就到爱人那里寻找，假如你在乎父母的鼓励，就到父母那里寻找。这个过程，其实是明确自己的支持系统，并建立支持系统的过程。具体来说，就是创造亲密关系的能力，提升心与心之间交会的能力。

培养或创造一种亲密关系，需要提升的有四项基本能力，即觉察、同理、表达、信赖。

1. 觉察力

觉察是建立亲密关系最重要的能力，即是对你自己内在情感及需要的发生、变化有清晰的认识。觉察是了解自我的利器，亲密关系重在心灵之间的交融，不了解自我的感觉和需要，无从谈起与人的交流。

2. 表达力

在亲密关系的相处中，清晰地表达自我的需要及感觉是必需的，你无法完整地表达自己，就会让别人无法清楚地了解你，这样误会、隔膜就会产生，从而影响关系的品质。

3. 同理力

"人同此心，心同此理。"你对自己的觉察有多深，对别人的了解和理解就有多深。同理力不同于同情心，是既能感受别人的需要，但又不失去自我的能力。同理力搭起了人际交流的一座心桥。

4. 信赖力

你越能信任对方，对方也越能体谅你的需求，即使你们之间出现了一些不快，也会在较短的时间内得以化解。而且，在你与人际交流的每个环节，信赖力都在潜移默化地发挥作用，影响关系的深浅。

总而言之，在职场我们不可能一帆风顺，在从业的过程中或多或少会带有一定的心理创伤。当出现心理伤痕时，通过上面介绍的办法，积极进行自我疗愈才是最正确的选择。

✏ 画重点

1. 一个人在职场中被孤立、攻击、针对，很容易产生委屈、愤怒、孤独的情绪。

2. 当一个职场人愤怒时可以运动式释放、独处式释放；当一个职场人被孤立时，需要提升四项基本能力，即觉察、同理、表达、信赖。

突然失业了怎么办？

下岗失业综合征主要表现在对过去的依恋和失落感、胸闷、失眠、自闭、学习不能专心、生活无规律、食欲不振、学习无计划、逆反心理异常，想发脾气、不想运动……

莉莉是某外贸公司的翻译，年轻靓丽，一口流利的日语，深得上司及客户的好评。莉莉也喜欢这份工作，舒适高雅，又有丰厚的薪水。外贸公司的工作使她如鱼得水，工作得轻松而惬意。

天有不测风云，一向令人羡慕的外贸公司居然变得无力经营，莉莉也由此失业了。失业后的莉莉悲伤、愤懑，最初几天整日发脾气，看什么也不顺眼，甚至乱摔家里的东西，以后则郁郁寡欢。

她把一切都看成灰暗的，对什么也不感兴趣，她感到非常寂寞、孤独和无趣。虽然丈夫的收入足以使她衣食无忧，但工作权力的失去，社会地位的丧失，脱离集体的孤独感及在家无所事事、精神无所寄托的空虚感，使她精神压抑。

丈夫劝她去找份工作散散心，莉莉就大声喊叫："我能干什么，我会干什么！"莉莉觉得自己很无能，很没有用。无论丈夫怎么劝她，她都听不进去，终日沉浸在失业的痛苦中不能自拔。她觉得丈夫劝她去工作是嫌弃她不能挣钱，让丈夫养活她，又和丈夫闹起了矛盾。

莉莉常常感到胸闷、头晕、没食欲、全身乏力，而且入睡困难，即使睡着了也会噩梦不断，半夜惊醒。莉莉走进了医院，中医、西医治疗了近两个月，仍无好转。在朋友的建议下，莉莉接受了心理治疗。

拥有一份满意的工作，是人们所向往的。即使拥有一份不满意的工作，对某些人来说也是一种幸事，因为工作是必须的。人为什么要工作？有些人认为工作是为了挣钱，养家糊口；另一些人则认为工作不仅是为了挣钱，更是个人价值感的体现，工作使他们达到自我实现。如果失去了工作，面临的不仅是经济危机，更重要的是心理上的失衡，个人价值感的丧失，自尊心的损伤。这些都会使人产生比经济危机还重的精神压力。因此，工作与我们的心理健康密切相关。

如今是一个充满挑战的时代，大多数实体店面临生存的危机，人工流水线工人正在被自动化取代，传统媒体也正在被新媒体取代……在此背景下，很多人都面临着失业的困扰。一些人无法接受这一现实，下岗后处于沮丧、焦虑、紧张、抑郁的心理状态，此时，如果没有得到社会和家庭的积极引导，很容易产生一种新的疾病——下岗综合征。

经过专家调查，下岗人员因年龄、性格、工种、工龄、人际关系、经济状况、文化程度的不同可能会出现以下心理问题：

第一，自卑心理

不少下岗人员，尤其是性格内向的人，会因下岗而产生强烈的自卑感，感觉自己无能，是个失败者。还有人感到自己被社会淘汰了。有些人甚至不愿被人知道自己下岗的事实，害怕被人耻笑，在亲朋好友面前抬不起头。有自卑心理的下岗人员往往把自己关在家里，不愿与人交往。这样，长期处于失败的体验之中，势必会影响身心健康。

第二，内疚心理

下岗待业意味着经济收入锐减，使家庭经济紧张，甚至陷入经济困境。面对日益高涨的社会消费水平，许多下岗人员会因此深感内疚不安，觉得愧对家人和子女，从而陷入深深的自责之中，更加重了自卑心理。

第三，失落心理

离开了原来的工作岗位、原来的社会群体，离开了奋斗多年的事业，失去了奋斗的目标后，整天闷在家里无所事事，就会产生失落感与被遗弃之感，内心深感苦闷。即使再就业以后，如果不能重新树立奋斗目标，或者不能适应新的环境，也会存在一种寄人篱下的失落感。由失落感还会产生怀旧感，怀念过去的好时光，从而更增加对现状的不满，引起更严重的心理失衡。

第四，焦虑心理

焦虑是对危险或威胁的预料所引起的无方向的唤醒状态。下岗人员在感到怨恨、苦闷之余，更多的是感到焦虑不安，为家庭的生活担心，为自己和家人的前途担心，久而久之，变得脾气暴躁，容易发火。

莎士比亚说："聪明人永远不会坐在那里为他们的损失而哀叹，却用情感去寻找办法来弥补他们的损失。"想发挥自己的潜能，取得事业的成功，必须勇于忘却过去的不幸，重新开始新的生活。

1. 不要为打翻的牛奶哭泣

心理学家说：性格决定人的命运，一个人能力再强，但性格有问题，就会影响他能力的发挥。同样，只要一个人具备坚韧的性格和不被困难所压倒的精神，那么任何打击，任何磨难都不会使他放弃自己的信念和追求。就像外国一句古老的名言所说，"不要为打翻的牛奶哭泣"，这句话包含了丰富深刻的哲理。过去的已经过去，历史就如"黄河之水天上来，奔流到海不复回。"不管从前多么辉煌，都已经成为历史。重要的是要接受现在的事实，让一切从头再来。分析下岗职工再创业的经历，不难看出，他们的成功与其坚强的性格，豁达乐观的处世哲理有着密切的关系。

在一般情况下，下岗会产生诸如没面子、抱怨"命运不佳"、消极、刚愎自用、自暴自弃、异想天开等心理，表现为沮丧、抑郁、不能面对现实，怨天尤人，却没有从行动上来改变自己，从而陷于巨大的心理落差之中不能自拔。而成功者则善于调整自己的心理状态，不回避或歪曲下岗现实，抛弃怨天尤人或自暴自弃的心理，乐观生活，积极调整自己的不良情绪。他们充满自信，相信自己的智力、自己的才能、自己的判断。因为如果事情没开始就先打退堂鼓，如果自己都信不过自己，又怎能奢望别人高看自己？只有战胜自卑，才能实现超越。拥有了自信，便拥有了成功的一半。

2. 客观公正地评价自己

对于做事的期望值，既不要高不可攀，也不要因为太低而一事无成。必须正视自己的优缺点，同时正视眼前的现实。但最重要的是能想到，下岗的不是自己一人，有人能坦然面对，自己又何必戴上精神枷锁而不能解脱呢？虽失去了原来的岗位，但又为选择新岗位提供了机遇，所谓"塞翁失马，焉知非福"。有了这种积极的心态，就能摆脱不良心理的束缚，把注意力引导到通过自己的努力实现再就业这方面来，从而发掘出很多以前自己也没有认识到的潜力，找到一条成功的再就业之路。

3. 能够吃苦耐劳

只要老老实实做人，踏踏实实干事，就没有过不去的火焰山。下岗只不过是被生活轻轻撞了一下腰，它永远不会压垮人，只会使人变得更坚强。因此无论是从零开始的创业者，还是重新找到工作的再上岗者，他们都十分珍惜来之不易的工作机会，对工作尽职尽责，做出了自己最大的努力，从而也找回了自尊，实现了自我价值。

失业不可怕，可怕的是失去自信心。当我们面临生存危机时，与其等待，不如从现在做起，依据自身条件到市场的海洋中去拼搏，寻求新发展。主动脱掉自己的长衫，就能让自己匹配更多的岗位，重新获得工作的机会。

✎ 画重点

1. 当一个人失业后很容易产生一种新的疾病——下岗综合征，这种疾病会引起人的自卑、内疚、失落、焦虑心理等。

2. 失业后，我们不要一味沉溺过去，自暴自弃，而应该客观公正地评价自己，摆脱精神枷锁，发挥吃苦耐劳的精神，寻找新的工作机会。

怎样控制自己的购买欲？

典型性的购物癖患者至少每个星期都会进行一次疯狂的大采购，他们好像受到了强制一样，去买一些根本用不着的东西，事后又感到非常后悔。另外，这些人由于并不十分富有，所以经常会陷入财务困境。

小芳今年三十岁，是一位外企白领。在外企的工作压力比较大，竞争也比较激烈，尽管如此，在丈夫的大力支持下，小芳的工作表现一直受到上司的表扬，与同事们的人际关系也处得很好。

但是，平时温柔善良的她，自从有一天和丈夫吵架之后，只要她走到街上就想进服装店，看到五颜六色的服装就感到那些衣服在向她招手。每当这个时候她没有一点犹豫，只感到购物的兴奋和快乐。而且每一次从店里出来，她常常会花掉几千元钱。

她知道自己并不需要那么多衣服，也曾暗下决心控制购衣数量，但一到服装店就乐此不疲。小芳为控制不住自己的购买欲而感到深深的苦恼。小芳的行为也严重影响了她的正常工作。

心情不好你会去做什么？也许男士会说，一根接一根地吸烟，然后大口地喝酒，来个一醉方休；女士则会说，疯狂购物或者是海吃一顿，把一切都消灭在食物里。但是如果你的购物欲望超过你的经济能力或是购物已经超出了适当性，且每次购物后都为自己的行为后悔，多次的反复，这样你就是"购物狂"了。这是一种心理偏差，是不正确的宣泄途径，应该进行适当调整。

国内一项消费调查的结果表明，在极端情绪下消费的女性高达46.1%。而且美国加利福尼亚州立大学在一次类似的调查中也发现了相同的问题，在该次调查中还指出，男性情绪化消费的比例也达到了17.4%。调查显示，购物狂多数是女性，这与各国的文化传统普遍接受女性购物较多有关。

"购物狂"基本上都是属于那类工作压力大、平常找不到合适方式释放压力的人，尤其是经济条件比较好的年轻女性。她们大多是想通过购物的方式来振奋自己，提高自尊心，释放压力。但是，结果往往事与愿违。狂购以后，行为人心理充满了羞愧感和负罪感，以及冲动控制失调的痛苦。

这种心理转换过程包括了一系列心理机制：患者先是经过了几天或是几星期的积累，购物冲动开始聚集起来，直到通过购物，或者买很昂贵的或不是特别需要的东西，来释放这种紧张感，狂购之后，行为人才能心情比较轻松地回家。

在接下来的一段时间里欲望暂时被压抑，经过一段时间积累后，新的循环开始重复。患者则陷入苦不堪言的心理折磨之中，严重影响日常工作和生活。毫无疑问，小芳在日常紧张工作的压力下，经过和丈夫的一次争吵的催化，选择了以购物来释放压力的做法，却让她陷入了痛苦不堪的心理折磨中。

心理学知识告诉我们，许多人有压力时总会通过购物或者是大吃大喝来消除压力。不过，当你发现自己有疯狂恋物血拼的状况时，可千万别大意。这时候，你要先尝试问自己一些问题，比如："我在躲避什么？"等等。

心理学家分析认为，"购物狂"的原因主要有三：为平衡情绪买单；为缓解压力买单；为失落情绪买单。因此，克服购物欲及贪购行为的关键之处，在于搞清楚购物欲望的背后有哪些心理问题，是否有对现实的不满和对自己的不满，是无法应对压力还是其他什么原因。当一个人敢于面对问题并去解决问题时，心理才会平衡。

第一，清醒地认识压力，对待压力

对自己的日常工作等方面带来的压力有一个清醒的认识。正确对待自己的压力，并尽量找寻合适的途径予以释放，比如可以通过和朋友聊天、和亲近的人分担等方式。

第二，养成记账的习惯

将所买的东西统计一下，看看哪些是没用的，看看哪些东西是没用的或多余的并计算出你浪费金钱的数目和由此产生的利息或投资损失。

第三，使用"改日再来"的延缓方针

在垂青某商品时，先不急于掏钱，而是暗示自己："改天再来吧"，下次来时由于心情变化，购物欲可能下降。

第四，避免独自一人购物

独自一人上街，又有孤独感时，常常经不住货主的劝说而掏了腰包。缓解的有效方法是：对可买可不买的商品狠狠地杀价，这势必造成碰壁或讨价还价的局面，而且砍价可使人不再孤独。

第五，尝试一些直接效果比较好的做法

比如，出门不要带太多的钱；每次出去购买日用品之前想清楚需要什么、不需要什么，必要时可以找一个同伴一块去购买，并请求同伴在自己有失控表现时予以帮助提醒。

第六，将自己的注意力集中到其他地方

每当产生购物欲望时，尽量转移自己的注意力，将精神分散到其他事情上去，淡忘购物。心中空虚、压抑、无聊时，最好的解决方法是去做一些较激烈的体育运动，而不是去街头购物。

购物本来应该是一件快乐的事情，但是如果把购物变成一件毫无节制的事情，那购物的快乐就会荡然无存，取而代之的是透支带来的痛苦。我们要通过上面介绍的这几种方法，有意识地纠正自己的购物欲，这样才能让自己摆脱这种心理顽疾。

✑ 画重点

1. 一个人之所以控制不住自己的购买欲，主要有三个原因：为平衡情绪买单；为缓解压力买单；为失落情绪买单。

2. 要想克服自己的控制欲，我们需要清醒地认识压力，养成记账的习惯，使用"改日再来"的延缓方针，避免独自一人购物，将自己的注意力集中到其他地方等。

附

知道点心理学名著

《心理学史》

托马斯·哈代·黎黑

✎ 作者简介

　　托马斯·哈代·黎黑，美国当代著名的心理学史专家，曾获伊利诺斯大学博士学位，弗吉尼亚公共健康大学心理学教授。

✎ 名著导读

　　该书是托马斯·哈代·黎黑所著的一本大学教材。该书最大的特点是注重哲学。这和作者的哲学立场分不开。作者在叙述心理学的发展时，能紧紧扣住哲学的发展主线，使读者能够从科学哲学的高度来把握心理学的发展。

　　由于作者的观点受到科学哲学家波普尔、图尔明、库恩和费耶阿本德思想的影响，所以全书自始至终在批判行为主义的同时，竭力指责实证主义哲学，认为这种哲学根本不能指导年轻科学的心理学。作者再三强调库恩的范式论可以为革命的态度作辩护，可以促进心理学革命的成功。作者在书中巧妙地运用了这一新的科学哲学的方法论来论述它对心理学发展的影响。

　　该书共4编15章，内容新颖，涉及面广。第一，它考察了一些一般的元科学概念，用以探讨心理学概念史的发展。第二，它通过从泰勒斯到穆勒，从阿尔克米尼到达尔文，讨论了心理学的概念背景。第三，它从学院心理学的创始人冯特，论述了弗洛伊德、詹姆士及格式塔运动。第四，它研究了行为主义及认知心理学等流派的发展。最后，它还简明扼要地回顾了心理学长久的过去，并指明了当代心理学所存在的危机。

理论精读

心理学发展到今天已经有一百多年的历史了，心理学史的研究浩如烟海。心理学的历史实质上就是时代精神的缩影，心理学史的研究摆脱不了时代精神的影响。但是，许多心理学家理解的时代精神仅仅是一些重大的历史事件及伟人的杰出成就。事实上，时代精神的内涵并不止这些，它还包括政治、经济、军事状况及大众的生活。那些默默无闻的人们的思想、行为都是时代精神的一部分，而且正是这些被忽视的普通人的生活谱写了时代的主旋律。心理学思想在很大程度上是这些大众生活的折射，心理学家的研究蕴含在现实生活之中。可是，以往许多心理学史研究偏重于阐述心理学的思想逻辑，以及心理学家的个人成就，把心理学思想的现实性与日常性割舍了。事实上，心理学的发展与时代精神密切相关，心理学的历史不仅仅是心理学观念的历史，也不仅仅是心理学家的历史，而且还是现实的历史，是大众的历史。

黎黑认为，在当今西方心理学史界，有两种撰写心理学历史与体系的方式，即"旧史"和"新史"。所谓"旧史"，是指"自上而下的历史"，集中讲述大人物和大事件，用编年史的体裁描述个别心理学家的奋斗和成就，主要涉及政治、外交与军事等方面的情况，俗称"伟人历史"；所谓"新史"，是指"自下而上的历史"，它试图描述被"旧史"所忽视的无名群众的生活，集中讨论心理学创立和发展的社会背景、文化渊源和人类活动，俗称"时代精神"（平民历史）。在20世纪50年代以前，西方心理学史的编撰是以旧史的形式进行的，波林编著的《实验心理学史》是旧史的代表，一直是西方心理学专业的标准读本。20世纪60年代中期以后，出现了新的心理学史，在20世纪七八十年代发展得很顺利，Laurel Furomoto 宣称新的心理学史已经完全成熟，并对新心理学史进行了如下的描述："新史倾向于评论性而非礼仪性，倾向于事件的背景分析而非各种观念的历史，倾向于超越伟人的研究。新心理学史利用第一手资料和档案文件，而不是依赖第二手资料。新史试图深入探讨某个阶段的思潮，从而看到各种问题在当时发生的情况，而不是寻找现时观念的前身，或从该领域的目前背景往回撰写历史。"

可以看出，旧史与新史的不同之处就在于对时代精神的不同理解上。旧史更多地关注心理学发展的内在思想逻辑，从历史的大事件和大人物的角度来分析和研究心理学的发展，而新史则从心理学发展的阶段思潮与背景出发，降低了个人的作用，从一种更加现实的角度来阐明心理学的发展。

从旧史到新史的转变，不单单是心理学史的编写方式的改变，更重要的是这种转变体现了心理学对自身的一种反省，这是一种观念的转变，其中蕴涵了心理学家对"心理"的理解，反映了对"心理"的理解上的进步。

✎ 趣味扩展

在当今西方心理学史界，关于撰写心理学的历史和体系，主要有旧史和新史之分。旧史是自上而下的历史，集中讲述大人物和大事件，史称伟人历史。这类编年史的方式，由于描述个别心理学家的奋斗和成就而令读者振奋。新史是自下而上的历史。它试图描述被旧史所忽视的无名群众的生活，集中讨论心理学创立和发展的社会背景、文化渊源和人类活动，史称时代精神。这类编年史的方式，降低个人的作用，把心理学的历史视作非个人的力量所创造。作者编写该书更是试图探索新史风格的一个典范。其新意在于：

（1）从科学哲学的角度探讨了科学心理学的理论模型，预示了科学心理学理论发展的三种趋势：句法观点、语义观点和自然主义观点。

（2）区分了行为学说和行为主义。

（3）对认知心理学提出了质疑。

（4）正视心理学面临的挑战，包括心理学的神秘主义、还原论和社会生物学、人文学科中的释义学三个方面。

黎黑是以研究科学史出身的学者，对历史的韵律有着敏感而丰富的体察。作者在构建此书时，正值西方科学史学界关于伟人说观点与时代说观点交锋更迭之际，一方面是典雅精致的传统，另一方面是无限扩张的现代节奏，而唏嘘感慨的却仍然是迷茫的人心。这些与作者所提到的强意识形态与弱意识形态的变革，乃至对库恩观点的评价都是有深刻关联的。

《梦的解析》

西格蒙德·弗洛伊德

✎ 作者简介

见前《精神分析引论》作者简介。

✎ 名著导读

该书出版于 1900 年，是弗洛伊德对心理学最重要的贡献之一，被誉为改变人类历史的书，是精神分析理论体系形成的一个重要标志。该书在作者生前就再版了 8 次，先后被翻译成多种文字。一直经久不衰。与达尔文的《物种起源》、哥白尼的《天体运行论》并称为导致人类三大思想革命的经典之作。

根据弗洛伊德的观点，梦都是"愿望的满足"——尝试用潜意识来解决各部分的冲突（在后来的《超越快乐原则》中，弗洛伊德认为梦并不是显示愿望满足）。不过，由于潜意识中的信息不受拘束，通常让人难堪，潜意识中的"稽查者"不允许它未经改变就进入意识。在梦中，潜意识比清醒时放松了此项职责，但是仍然在关注，于是潜意识被扭曲了意义，以通过审查。同样，梦中的形象通常并非它们显现的样子，按照弗洛伊德所说，需要用潜意识的结构进行更深的解释。

弗洛伊德首先回顾了此前关于分析梦的科学著作，他认为虽然有趣但是不够充分。然后他记述了许多梦，来阐明他的理论。他许多最重要的梦是他本人的——他的方法开始于分析他的梦"Irma's injection"——但是也有许多来自病人的个案研究。弗洛伊德进行分析的许多资源来自文学作品，该书本身更多的是一次文学分析的自觉尝试，超过心理学研究的成分。弗洛伊德在此首次讨论了后来发展的恋母情结理论。

起初该书的销量极低，经过许多年才卖出 600 册。弗洛伊德对该书的修订至少有 8 次，在第 3 版中增加了很大的篇幅，鼓励梦的解析就是直接搜寻阴茎等性的标志的想法，如"陡坡、阶梯和楼梯，上去和下来，是性行为的象征符号"，体现了威赫姆·斯特科的影响。后来心理分析学者表示这一部分受到了质疑，这些方法在很大程度上已被放弃，转而使用更全面的方法。

普遍认为，该书是弗洛伊德对心理学最重要的贡献，他这样说他的作品，"Insight such as this falls to one's lot but once in a lifetime."（这样的顿悟一生只可能幸运地获得一次）。

理论精读

1. 梦见死亡、结束、转变与重生

当你梦到死亡时，也许你会被惊吓，或者怀疑梦中的情节是否即将成真。先别紧张！由于死亡是人生不可抗拒的终点站，也带给人最错综复杂的情感纠结，因此它所代表的含义，多半是借由你对死亡的感觉来提醒你一些事情。死亡通常是表示结束或逝去，也许是某一阶段或某种关系的结束。例如，踏出校门，告别青涩的岁月；或是你苦苦守候的恋情还是以分手收场。在这层意义上，死亡也代表了形式上的转换，隐喻转变与重生。从一个阶段步入另一个阶段；告别一个熟悉的世界，踏入一个新世界。在梦中死亡的可能是你，也可能是别人。当死亡的是别人时，想想看你对这个人有什么感觉？他会让你想到哪些事情？他对你有何意义？这都会让你更清楚到底逝去的是什么。

有时候，逝去的是我们内在某一部分的特质。也许是被排斥或压迫，不为我们自己所接纳的部分。这个特质可能是不合社会礼教，或是不符合你的自我形象的部分。想想看，你是否疏于照顾你的内在人格？它的逝去是否会让你觉得有点失落？死亡是否是唯一的方式？也许在仔细思考后，你会发现有它也不错！有时梦中的自己的死亡，会让你有一种不同于现世的超脱感。此时可能你是用另一种观点在体验自己的生活。也许轮回的观念或你的宗教信仰，让死亡对你而言，代表更接近神或是一个反省的时刻。也有可能你梦到自己死亡，是你因为疲于应付现实生活，希望一切都结束，让你得以好好休息。亲朋好友的死亡总是带给人悲伤痛苦或是怀念惋惜之感。对于自己总会一死，多数人则是怀着恐惧；而梦到死亡时，却不一定有和现实生活里相同的感觉。因此，注意你对梦中的死亡有何感受，这会让你更容易了解梦中死亡的含义与答案。

2. 梦见广播信息

最近，我做了个梦，梦见我的妹妹在一次车祸中死了。有很多细节困惑着我。我正在下班回家的高速公路上。那是一个非常暖和的晴天。我正在听着广播，突然出现了我母亲的声音，告诉我妹妹出了车祸。一辆卡车从后面撞到了她的汽车，她有可能因此而丧命。我仍然记得我坐在仍在高速行驶的汽车中，大声哭道："你为什么要离开我？我现在就需要你。"我一次次地呼唤着她的名字。这是什么意思？

你通过广播所听到的信息可能是梦中最重要的方面。信息涉及一种既需要"接收"，又需要密切注意的情景。听到妈妈的声音，就是要你的耳朵引起注意。她要表达的信息实际上是来自你精神最深处的经过伪装的信息。值得一提的是，这些信息往往来自一个决定性时刻的心理状态。想想在你的清醒生活中有哪些心理问题和压力可能导致像这个妹妹死亡的令人不安的信息的出现？可能在你妹妹身上存在你很羡慕却又没有的素质。

3. 梦见母亲要杀我

我做了一个梦，我死去的母亲正想杀我。有一个年轻的男孩和我在一起。我告诉他，我们就躲在仓库和卡车里，那么她就找不到我们了。然后，我看见一个大眼睛的女子和其他人正向我们挥舞着双手，说现在安全了。但我不敢相信。然后就醒了。请帮助我。为什么我也梦见过同样是这个大眼睛的女子也想伤害我。

很抱歉听说你的母亲已经去世了。在梦中，她想杀你，这最有可能意味着你自身的某些方面已经随她一起死去了。那个大眼睛的女子可能表示神明的智慧或明智的信息的出现。从你的梦中，我看不出任何你害怕这个大眼睛的女子的理由。她想伤害你这个概念可能被伪装成其他的情绪，比如，背叛或愤怒。还要问问你自己，这个大眼睛的女子和你的母亲是什么关系？

4.梦见我会飞而且我没有疯

有个梦我做了两次，那就是，我能飞了，是指没有翅膀。我能随心所欲地离开地面，但是需要十分集中的精力和力量。我也有马，但不知道他的颜色和模样。在我的梦中，我还有座私人小岛，它也是属于我的。但不是我丈夫的。我想说的唯一的事情是自从我告诉别人我会飞以后，一些奇怪的人总是想把我送到精神病院去，因为他们以为我疯了。我从没有在他们脸上看见相信我的表情。我飞到山顶，飞到欧洲的城市（那是我一直想去的地方）。你能为我解释一下吗？

飞翔的梦显然说明了你的自由意识及摆脱每日生活的限制。听起来好像你刚完成了一些项目，感到一副重担从你的肩膀上卸去。你提到非常集中精力才能够飞起来。这可能意味着你在这项成功的项目上投入了同样多的努力。你飞过山脉重申了你的成功及你是怎么达到这个巅峰状态的。飞越欧洲（那个你一直想要去的地方）暗示对你的努力工作的一种奖励。你梦中的动物意味着你仍需依附和维持的力量，尽管你已获得一种不断提高成功的水平。马象征着你的价值和完整性。它也表示你当前所拥有的力量。你的狗是你本能和忠实的象征。尽管你可能飞得高过天空，你仍然保持着对你身后事物的忠诚。飞翔的梦是如此的辉煌和开放，以至于你可能不想再回到地球。你说这个梦你做了两次，可能是你对此有高度的感受所致。那些想把你送入精神病院的人可能是想把你带回现实。你可能表现得过于自由，也就是你本质思想中的东西，但是，有时约束和限制也许更为明智。

5. 梦见五彩缤纷的牙

我梦见由于种种原因，我把牙涂成各种鲜艳的颜色，红、绿、蓝和黄。甚至我的舌和我的口香糖都被涂成了鲜艳的颜色。然后我的一侧脸颊出现了一个洞，每一个同事都可以通过这个洞看见里面。我正在工作，而且我没有觉得不好意思。我只是觉得太奇怪了，而且让人很紧张的是，突然间就在我的一边脸上出现了这么大的一个洞。

你的鲜艳的牙齿和舌头可能是提醒大家注意你说得栩栩如生的故事及你生动的表达自我的方式。有人甚至认为，你是最好的。你一侧脸上的洞证明别人可以通过你所说的故事的真理直接得出真谛。

趣味扩展

弗洛伊德在写此书以前，不仅有了充分的思想准备，而且已搜集了大量资料。1896 年和 1897 年，他已经在维也纳犹太学术厅做了有关梦的演讲。1896 年 10 月，其父亲去世，促使他在先前的理论研究和医疗实践的基础上，开始进行自我分析。可以这样说，他父亲的去世是促使他进行自我分析的主要原因。《梦的解析》第一次告诉曾经无知和充满疑惑的人们：梦是一个人与自己内心的真实对话，是自己向自己学习的过程，是另外一次与自己息息相关的人生。在隐秘的梦境所看见、所感觉到的一切，呼吸、眼泪、痛苦及欢乐，都并不是没有意义的。弗洛伊德在《梦的解析》中还认为人在清醒的意识下面，还有一个潜在的心理活动在进行着，这种观点就是著名的潜意识理论。《梦的解析》的出版，像一把火炬照亮了人类心理生活的深穴，揭示了许多埋藏于人类心理深层的奥秘。该书不但为人类潜意识的学说奠定了稳固的基础，而且也建立了人类认识自己的新的里程碑。书中还包含了许多对文学、教育等领域有启示性的观点，引导了整个20世纪的人类文明。

《梦的解析》出版之后，弗洛伊德已经成为一名大师级人物了。其后，他与另外一个心理学家荣格发生了一段有意思的事。

1905年，荣格升任为苏黎世大学的精神医学讲师，并在同年升格为精神科医院的资深医师，主讲精神心理学，也讲授弗洛伊德的精神分析及原始人心理学。隔年，他寄给弗洛伊德有关于字词联想的研究结果，为其生命带来了另一项转折点。

经过一段时间的书信往来，荣格决定亲身拜访弗洛伊德。1907年3月，两人正式在维也纳会面，并长谈了足足13个小时。对荣格而言，弗洛伊德是他所遇见最重要的人，没有人可以和他相比；对弗洛伊德而言，荣格非犹太人的背景正好可以破除只有犹太人才关心心理分析的偏见，而他在伯戈尔茨利医院的心理医疗背景和经验，他的智慧和日渐高涨的名声，更让他成为心理分析阵营的新星。数年之后，他被推选为国际心理分析学会第一届的会长，同时也是该协会第一本心理分析期刊的主编。

慢慢地，他们两个人的思想出现了差距，除了对心理学的看法不同之外，弗洛伊德有如父亲式的权威也让荣格受不了。在一次交谈中，弗洛伊德说："荣格，我要你答应我一件事，就是永远不要放弃性的理论，我们要让它变成一种教条，一种不可撼动的堡垒。"但荣格对弗洛伊德的性的理论抱有许多疑点，更无法认同"教条"及"堡垒"这样的字眼，仿佛要压下所有对性理论的怀疑，而这一切和科学判断扯不上关系，只是个人的权威的扩张罢了。在这次的谈话过后，荣格便知道两人的分裂是不可避免的了，弗洛伊德需要的可能只是一个听话的乖孩子，能毫无保留地接受他的理论，但荣格需要的却是一个能和他切磋琢磨，将心理学发扬光大的伙伴，并且他不想牺牲自己思想的独立性。

1909 年 3 月，就在荣格拜访弗洛伊德的最后一个晚上，弗洛伊德认命荣格为心理分析运动的继承者，并开始对他描述自己的看法，但每当荣格问及对灵学的看法时，弗洛伊德却常常以物质主义者的偏见来反驳，斥为无稽之谈。而对于弗洛伊德浅薄的实证主义，荣格有好几次想作出尖锐的辩解。就在这个受封为继承人的夜晚，荣格竟然尝试要推翻整个弗洛伊德理论的架构。这次的交谈，对他们的关系有着致命性的打击。心理分析学派也面临分裂成维也纳和苏黎世——也就是弗洛伊德和荣格两派的危机，直到桑德·法兰兹发表了著名的声明："荣格正式不再信仰弗洛伊德"，分裂方公之于世。

《自卑与超越》

阿尔弗雷德·阿德勒

✐ 作者简介

阿尔弗雷德·阿德勒（1870—1937），奥地利精神病学家，个体心理学的创始人，人本主义心理学的先驱，现代自我心理学之父；精神分析学派内部第一个反对弗洛伊德的心理学体系，由生物学定向的本我转向社会文化定向的自我心理学，对后来西方心理学的发展具有重要意义。主要著作有：《理解人性》《自卑与超越》《儿童教育心理学》等。

✐ 名著导读

此书英文名为《What Life Should Mean to You》，直译的中文名应当是《生活对你应有的意义》，但是通用的中文译名为《挑战自卑》或《超越自卑》或《自卑与超越》。

阿德勒认为，人是"地球"的一员；人是"种族一员"；还有第三种联系，性别、爱情与婚姻。这三种联系演绎生活的意义就体现在职业、社会和性三方面。作者一再强调联系及合作。从而说明人的重要性是依照对别人生活所做的贡献而定的，奉献是生活的真正意义，比如祖先为我们留下道路、技术，我们作为地球一员也应该为后代留下东西，而不是一味向地球索取。与人联系、对他人发生兴趣、互助合作、奉献才是真正意义的人。这也是该书的主旨所在。

作者认为生活中有些人之所以会失败，是由于他们错误地理解生活的意义。这种人对他人和社会毫无兴趣，他们的兴趣点只停留在自己身上，他们所赋予生活的意义是一种属于个人的意义，因此，在处理职业、友谊和性等问题上，他们不愿用与人合作的方式加以解决，在生活中不能不面临失败。

人的全部尊严就在于思想。在这个一切向钱看的、娱乐至死的、没有理想的、没有未来的时代，我们该如何安放自己的心？除了阅读，除了与那些高贵的灵魂为友，除了丰富自己的精神世界，还能找到别的穿越迷茫、困惑、焦虑不安的现实的路径吗？

理论精读

1. 自卑感

一种不能自助和软弱的复杂情感。有自卑感的人轻视自己，认为无法赶上别人。阿德勒对自卑感有特殊的解释，称其为自卑情结。他对于这个词主要有两种相联系的用法：首先，自卑情结指以一个人认为自己或自己的环境不如别人的自卑观念为核心的潜意识欲望、情感所组成的一种复杂心理。其次，自卑情结指一个人由于不能或不愿进行奋斗而形成的文饰作用。自卑情结是由婴幼儿时期的无能状态和对别人的依赖而引起的，所以对人有普遍意义。它是驱使人成为优越的力量，又是反复失败的结果。自卑情结，可通过调整认识、增强信心和给予支持而消除。

阿德勒指出，人在一开始生活时，都有自卑感，因为儿童的生存都要完全依赖成年人。儿童与那些所依赖的强壮的成年人相比感到极其无能。这种虚弱、无能、自卑的情感激起儿童追求力量的强烈愿望，从而克服自卑感。

但是可能由于阿德勒创立理论时的文化条件背景所限，他把权力和力量与男性等同，把虚弱和自卑与女性等同起来。任何不受禁令约束的攻击、敏捷、能力、权力的形式，和任何勇敢、自由、侵犯、残暴的特质都可以看作男性所具有的品质。而一切束缚、缺陷、懦弱、屈从、穷困和那些相类似的特质都可以看作女性品质。在他看来，变得更有力量就意指为具有更多的男性品质，因此更少的带有女性品质。他把这种追求更多的男性品质称为男性反抗。既然男性和女性都为了克服自卑感而追求自身变得更有力量，所以他们都企图实现男性特征的文化思想。换句话说，男性和女性多致力于男性反抗。

但是，自卑感也并不都是坏事。事实上，要成为人就意味着感到自卑。这对于一切人都是共同的，所以，他并不是懦弱或异常的现象。实际上，这种情感是隐藏在所有个人成就后面的主要动力。一个人由于感到自卑才推动他去完成某些事业。在某人获得一项成就时就能体验到一种短暂的成功感，但是与别人获得的成就相比较，又使他产生自卑感，这样就又激起他去争取更大的成就，由此反复永无止境。

2. 自卑情节

个体心理学发现的"自卑情结"似乎已经驰名于世了。然而我们是否真正了解或正确应用了这个词呢？假使我们看到一个傲慢自大的人，我们能猜测他的感觉是："别人老是瞧不起我，我必须得表现一下！"假使我们看到一个说话时手势表情过多的人，我们也能猜出他的感觉："如果我不加以强调的话，我说的东西就太没有分量了！"在举止间处处故意要凌驾他人的人，我们也能怀疑：在他背后，是否有需要他作出特别努力才能抵消的自卑感存在。然而，并不是说有强烈自卑感的人一定是个显得柔顺、安静、拘束、与世无争的人。

自卑感的表现方式多种多样，也可能表现得很强硬。我们每个人都有不同程度的自卑感，因为我们都发现我们自己所处的地位是我们希望加以改进的。如果我们一直保持我们的勇气，我们便能以直接、实际而完美的唯一方法——改进环境——来使我们脱离这种感觉。没有人能长期忍受自卑感，他一定会采取某种行动来解除自己的紧张状态。假使一个人已经气馁了，假使他不再认为脚踏实地的努力能够改进他的情境，他仍然会努力设法要摆脱它们，只是他所采取的方法却不能使他有所收益。即自卑会变成其精神生活中长期潜伏的暗流，在这种情况下，我们便能称之为"自卑情结"。

现在，给自卑情结下一个定义。当一个人面对一个他无法适当应对的问题时，他表示他绝对无法解决这个问题，此时出现的便是自卑情结。由此，我们可以看出：愤怒和眼泪或道歉一样，都可能是自卑情结的表现。由于自卑感总是会造成紧张，所以争取优越感的补偿动作必然会同时出现，但是其目的却不在于解决问题。争取优越感的动作总是朝向生活中无用的一面，真正的问题却被掩盖或弃而不谈。个人限制了他的活动范围，苦心孤诣地要避免失败，而不是追求成功。比如自杀，自杀者对改善自己的情境，已经感到完全无能为力了。自杀是一种责备或报复，在自杀中自杀者在争取优越感的获得。仿佛自杀者在说："我是所有人类中最温柔、最仁慈的人，而你却这么残忍地对待我！"

但自卑情结本身并不是变态的。它是人类地位之所以增进的原因。人出生伊始，是非常软弱的，他们需要许多年的照顾和保护。由于每一个人都曾经是人类中最弱小和最幼稚的婴儿，如果人类缺少了合作，便只能听凭周围环境的宰割，所以不难了解，假使一个儿童没有学会合作之道，他必然会走向悲观之途，并发展出牢固的自卑情结。即使对最合作的人，生活也会不断地提出有待解决的新问题。没有哪一个人会发现自己所处的地位已经接近能够完全控制其环境的最终目标。无论如何，奋斗总是要继续下去的，但是合作的人才会作出充满希望及贡献良多的奋斗，才能真正地增进我们的共同环境。

3.优越感

每个人都有优越感目标，这是属于个人独有的。它决定于他赋予生活的意义，而此种意义又不仅是停留在口头的。它建立在他的生活样式之中，并像他自己独创的奇异曲调一样地布满于其间。

　　对优越感的追求是所有人类的通性，只不过有些人采用了错误的方法。

　　在人类的分工中，有许多可供安置不同具体目标的空间存在。每种目标都可能含有少许的错误在里面，而我们也总能找出某些东西来吹毛求疵。对一个儿童而言，优越的地位可能在于数学知识，对另一个，可能在于艺术，对第三个，可能是强壮的体格。消化不良的孩子可能以为，他所面临的问题主要是营养问题。他的兴趣可能转向食物，因为他觉得这样做可以改变他的状况，结果，他可能变成专门的厨师或营养学家。在各种特殊的目标里，我们都能看到，和真正的补偿作用在一起的，还有对某些可能性的排斥，和对某种自我限制的训练。

📝 趣味扩展

　　阿德勒5岁时的一次遭遇几乎改变了他的一生。那年，他患上了致命的肺炎，医生认为他快死了，家人也不抱什么希望。但几天后，他竟奇迹般地康复了。这场病加上他3岁时大弟弟的死亡使他萌生了要当一名医生的愿望，他要用这个生活目标去克服童年的苦恼和对死亡的恐惧。所以，尽管他很喜欢音乐，也对许多艺术门类有很深的造诣，他还是选择了心理医生的职业，他的许多个体心理学的观点都可以追溯到童年时的这一遭遇。

　　刚上中学的时候，由于阿德勒数学不好而被老师视为差等生，老师因此看不起他，并建议他的父亲让他去当一名制鞋工人。当然，他的父亲拒绝这样做，但这事也刺激了好强的阿德勒，促使他努力学习，在数学上有了很大进步。偶然的一个机会，他解决了一道连老师也感到头疼的数学题，成了班上的优等生，更增强了他的自信心。阿德勒后来经常提到这件事，在不无自豪的同时，也启示人们：人的潜力是没有局限的，更不是天生注定的，只要肯去挖掘，每个人都有成功和飞跃的机会，这也是阿德勒个体心理学的一个重要原则。

　　但是，关于阿德勒的工作有一个自相矛盾的现象：他的概念已得到普遍证实，并进入大多数人格理论，包括精神分析。但是，这些要领却未被最后承认。然而，阿德勒传统却由北美阿德勒派心理学协会所继承。该协会出版了通信的季刊《个体心理学》，举办定期聚会，组织研究班。R. 德莱斯库为创建阿德勒培训学院、地区组织、家庭教育中心、研究团体等，做了大量的工作。在许多国家都有阿德勒派协会，最大的是在德国，那里出版了季刊《个体心理杂志》。个体心理学国际学会每三年举行一次会议。阿德勒夏季学校和学院已加入国际委员会。在许多国家，这些学校和学院已加入国际委员会，每年只办两周。

《我们时代的神经症人格》

卡伦·霍妮

✎ 作者简介

卡伦·霍妮（1885—1952），往往被认为是弗洛伊德学说的修正者或新弗洛伊德派，因为她的一些概念都是精心之作，又是对弗洛伊德学说的修正。霍妮是德裔美国心理学家和精神病学家，新弗洛伊德主义的主要代表人物，社会心理学的最早的倡导者之一。

1885 年 9 月 16 日霍妮生于德国汉堡附近一个名叫卡伦·丹尼森（Karen Danielsen）的小村庄。父亲是挪威人，母亲是具有荷兰和德国血统的荷兰人。除此外，她还有一个哥哥。

1913 年，霍妮获得柏林大学医学博士学位。1920—1932 年，她在柏林精神分析研究所任教，此外还创办了一家私人诊所。1932 年，霍妮接受亚历山大（Franz Alexander）访美邀请，担任芝加哥精神分析研究所副所长两年，两年后迁居纽约市，做精神分析医生，并在纽约精神分析研究所任课。1941 年，她倡立精神分析改进会，并创建了美国精神分析研究所，她亲任所长，直至 1952 年 12 月 4 日逝世。

✎ 名著导读

《我们时代的神经症人格》作者卡伦·霍妮是与阿德勒、荣格、兰克、弗洛姆等齐名的西方当代新精神分析学派的主要代表人物。霍妮对正统精神分析学的修正，主要表现在她以文化决定论取代了弗洛伊德的生物决定论。她认为产生神经症的个人内心冲突，虽然不排斥性压抑、遗传禀赋、童年经历等个人特征，但本质上却来源于一定社会的文化环境对个人施加的影响。人性、人的各种倾向和追求、人所受到的压抑和挫折、人的内心冲突和焦虑，乃至什么是正常人格、什么是病态人格的标准，所有这一切都因文化的不同、时代的不同而不同。这一思想在《我们时代的神经症人格》一书中已经形成。

理论精读

霍妮在心理学的主要贡献如下：

1. 基本焦虑

基本焦虑（basic anxiety）是指个体自出生后因受环境影响而缺乏安全和温暖所形成的无助感和恐惧感。绝大多数的父母，无法针对幼儿的身心需求设置有利于其成长的理想环境，甚至有很多父母对幼儿行为不是苛求，就是过分放纵，致使幼儿无法在充满爱意与安全的环境中成长。由此可见，霍妮所指的基本焦虑虽始自个体幼年，但与弗洛伊德所强调的以性欲力为基础的个体本能论极不相同，她所指的基本焦虑乃是起因于个体与他人的社会关系。

2. 神经质性格

神经质性格（neurotic character），是一种对自己无信心、对他人多怀疑、对环境充满忧虑与不安的异常性格。霍妮认为，神经质性格的形成，乃是起因于在长期基本焦虑的心理压力下，个体为自身防御而发展出一些非理性的神经质需求（neurotic need）。她将所发现的 10 种神经质需求，按性质分为三类，每类代表一种性格。

（1）依从性格（compliant character）：指个体缺乏独立，强烈需求别人的关爱，依赖别人情感支持的性格；在表面上是亲近人，而在潜意识中却是借依从消除焦虑感。

（2）攻击性格（aggressive character）：指个体对人持敌对攻击态度，借以攻为守策略来取得别人的重视。

（3）离群性格（detached character）：指个体不与人亲近的性格；表面上是独善其身，而潜意识中却是对人际感情敏感，借离群以保安全。

3. 理想化自我

对自我的解释，霍妮不采用弗洛伊德本我、自我及超我三层次的人格结构观，而是将自我视为个人在生活经验中所形成的自我意象（self-image）。个人的自我意象代表他对自己的看法。她认为，由于个人生活经验不同而有三种不同的自我意象：

（1）现实自我（actual self）：指个人某时某地身心特征的综合，代表个人的实际面貌。

（2）真实自我（real self）：指个人可能成长发展达到的地步，代表个人人格发展的内在潜力。

（3）理想化自我（idealized self）：指个人脱离现实而凭空虚构的自我意象，代表个人企图以否认的方式化解其内心的冲突与焦虑。理想化自我表现的方式是设想自己具备胜于他人十全十美的条件。

霍妮认为，当一个人完全受限制于理想自我并在他的指引下时，他们就总是以"应该是什么"来支配自己的思想。霍妮用"应该的暴虐"来形容他们的自我破坏。他们在太多的"应该下"越来越远离自己，用霍妮的话说是"和自我疏远"。他们生活在无数的应该下，他们越来越失去了"此时此刻"的感觉，他们渐渐地与现在疏远，但他们在理想的应该下，"暴虐地对待自己"。霍妮认为理想化自我是一种心理异常现象，也属于神经质性格。对此种心理异常者治疗时，最重要的是帮助他重新评估自己，认识自己，从而放弃理想化自我而改从真实自我中发展自己。

趣味扩展

霍妮所创造的一个最基本的概念是"基本焦虑"。她同意弗洛伊德关于无意识冲动决定人的行为的论点，但坚决反对像弗洛伊德那样把人的无意识冲动理解成是性本能的冲动。她认为人不是受所谓快乐原则统治的，而是受安全的需要所支配的。个人生来的主要动机就是寻求安全，避免威胁和恐惧。由于人一生下来往往处在一个看不见的充满敌意的世界里，所以他充满着不安全的恐惧，这种不安全感又直接导致焦虑。这样，寻求安全、解除焦虑就成为人主要的无意识冲动，成为人的行为的主要内驱力。

霍妮在进一步论述如何满足寻求安全、解除焦虑的冲动的过程中，提出了关于人格形成的理论。她相信人格是在童年的早期发展起来的，但是她不同意弗洛伊德用原始性欲发展阶段的进展来解释人格的形成，她强调社会环境，特别是家庭环境、双亲在对人格形成中的作用。霍妮认为儿童寻求安全、解除焦虑主要是在家庭这一环境中进行的，儿童能否满足这方面的冲动取决于家庭、双亲对儿童的具体态度。假如儿童从家庭、父母中得不到温暖和情爱，就可能产生各种不现实的顾虑，这种顾虑得不到及时清除就可能发展成为神经性焦虑；相反，假如儿童从家庭、父母那里得到了温暖和情爱，就会感到安全和满足，就不会产生焦虑并导致精神病。与此同时，儿童也必定要对来自家庭的影响作出自己的反应。儿童正是在对家庭的影响作出的反复的反应中形成了人格。由于出身于不同家庭，儿童也就形成了不同的人格。

霍妮不像弗洛伊德那样"垂直地"把人格结构分为本我、自我和超我三部分，而是认为人格结构是真我、实我和理想我的组合。她所说的"真我"是指个人所具有的天赋潜能中的一部分，是活生生的，是一个人真正的生命的中心。"实我"则是由"真我"受环境的熏陶炼铸而成的，它所表现出来的状况是实际的、现实的。"理想的自我"也是在环境的影响下形成的，与"实我"的不同之处在于它存在于意念中。霍妮比阿德勒、荣格更尖锐地批评了弗洛伊德学说的局限，她更强调了文化和社会因素在人格形成中的作用，并且更明确地把治疗精神病的关键归于改变社会环境，这说明她的理论比阿德勒、荣格的理论又有了新的进步。

《爱的艺术》

埃里希·弗洛姆

作者简介

埃里希·弗洛姆（1900—1980），又译为弗罗姆，美籍德国犹太人，人本主义哲学家和精神分析心理学家。弗洛姆毕生致力于修改弗洛伊德的精神分析学说，以切合西方人在两次世界大战后的精神处境。他企图调和弗洛伊德的精神分析学跟人本主义的学说，其思想可以说是新弗洛伊德主义与新马克思主义的交汇。弗洛姆被尊为"精神分析社会学"的奠基者之一，一生坚持临床实践，出版了一系列著作。

名著导读

该书是弗洛姆最著名的作品，自 1956 年出版至今已被翻译成 32 种文字，在全世界畅销不衰，被誉为当代爱的艺术理论专著最著名的作品。

弗洛姆提出，爱是一门艺术，要求想要掌握这门艺术的人有这方面的知识并付出努力。在这里，爱不仅仅是狭隘的男女爱情，也并非通过磨炼增进技巧即可获得。爱是人格整体的展现，要发展爱的能力，就需要努力发展自己的人格，并朝着有益的目标迈进。

阅读该书一定会让那些想在爱的艺术中得到简单诀窍的读者大失所望。恰恰相反，这本书要告诉读者，爱不是一种可以任人纵情享用的、与人所达到的成熟程度无关的东西。这本书是要让读者相信：如果不尽自己最大的能动性去发展自己的整个人格并以此达到一种创造性倾向，那么所有爱的努力都注定要失败；如果没有爱他人的能力，如果没有真正的谦恭、真正的勇敢、真正的信心和真正的自制，那么人们在爱情生活中也就永远得不到成功。在一个缺少上述品质的文化中，爱的能力也当然是难以取得的。或者说，任何人都可以扪心自问，你见过多少真正在爱的人呢？

理论精读

弗洛姆认为，爱是一门艺术，要求人们有这方面的知识并付出努力。但是大多数人认为爱仅仅是一种偶然产生的令人心旷神怡的感受，只有幸运儿才能"坠入"爱的情网。人们产生这种错误的想法有三种原因：

（1）大多数人认为爱情首先是自己能否被人爱，而不是自己有没有能力爱的问题。

（2）认为爱的问题是一个对象问题，而不是能力问题。

（3）人们不了解"坠入情网"同"持久的爱"这两者的区别。

要掌握爱的艺术，一是掌握理论，二是掌握实践，三是要把成为大师看得高于一切。

1. 爱的要素

对人来说，最大的需要就是克服他的孤独感和摆脱孤独的监禁。而这只有通过真爱才有可能实现。真爱的基本要素，首先是"给"而不是"得"。"给"是力量的最高表现，恰恰是通过"给"，我们才能体验我们的力量、我们的"富裕"、我们的"活力"。爱情的积极性除了有给的要素外，还有一些其他的基本要素。这些要素是所有爱的形式共有的，那就是关心、责任心、尊重和了解。

2. 成熟的爱

天真的、孩童式的爱情遵循的原则是："我爱，因为我被人爱"。成熟的爱的原则是："我被人爱，因为我爱人"。不成熟的、幼稚的爱是："我爱你，因为我需要你"；而成熟的爱是："我需要你，因为我爱你。"

父母和孩子之间的爱：母爱是一种祝福，是和平，不需要去赢得它，也不用为此付出努力。但无条件的母爱有其缺陷的一面。这种爱不仅不需要用努力去换取，而且也根本无法赢得。如果有母爱，就有祝福；没有母爱，生活就会变得空虚，而我们却没有能力去唤起这种母爱。父爱的本质是：顺从是最大的道德，不顺从是最大的罪孽，不顺从者将会受到失去父爱的惩罚。父爱的积极一面也同样十分重要。因为父爱是有条件的，所以我们可以通过自己的努力去赢得这种爱。与母爱不同，父爱可以受我们控制和努力的支配。一个成熟的人最终能达到他既是自己的母亲，又是自己的父亲的高度。他发展了一个母亲的良知，又发展了一个父亲的良知。母亲的良知对他说："你的任何罪孽、任何罪恶都不会使你失去我的爱和我对你的生命、你的幸福的祝福。"父亲的良知却说："你做错了，你就不得不承担后果；最主要的是你必须改变自己，这样你才能得到我的爱。"成熟的人使自己同母亲和父亲的外部形象脱离，却在内心建立起这两个形象。

3. 自爱

自爱不是"自私"，自爱是爱他人的基础。对自己的生活、幸福、成长及自由的肯定是以爱的能力为基础的，这就是说，看你有没有能力关怀人、尊重人，有无责任心和是否了解人。如果一个人有能力创造性地爱，那他必然也爱自己，但如果他只爱别人，那他就是没有能力爱。

4. 性爱

性爱的一个重要因素，即意志的因素。爱一个人不仅是一种强烈的感情，而且也是一项决定、一种判断、一个诺言。如果爱情仅仅是一种感情，那爱一辈子的诺言就没有基础，一种感情容易产生，但也许很快就会消失。如果我们的爱光是感情，而不同时是一种判断和一项决定的话，我们如何才能肯定我们会永远保持相爱呢？

✐ 趣味扩展

弗洛姆通常被归类为"新弗洛伊德"学派的成员。其思想体系建立在"人本主义的精神分析"基础上,"人本主义的精神分析"的重点是指出:人类基本需求并非植根于他的本能,而是在人类生存的特殊情境,在于寻找人和自然新的关联性的需求——当人丧失了其在演化成人类以前与自然的原始关联性之后,这种需求更为强烈。弗洛姆在《心理分析与宗教》一书中特别论述了宗教问题。其他涉及宗教问题的著作主要有《拥有还是存在》《基督的教条》《禅与精神分析》等。

弗洛姆是一位无神论者,但他发现宗教在人们生活中非常普遍。他说,人们有着深深地植根于克服他们与自然分裂的强烈的宗教愿望。他从人的当前状态出发,谈到了人与宗教的关系。人本属于自然,但又由于意识的缘故而超越于它,由此打破了原来的与自然一体的状态,于是人们感到无家可归的焦虑并认识到自己生命的有限。除此之外,人还面临着几种生存的二分状态:有生命的存在,但最后要死亡;承认人有无限的潜能,但没有足够的时间来实现;在广袤的宇宙中有一种根本上的孤独感,同时又与他的同类相连。弗洛姆认为,正是在人们寻求新的统一与平衡的处境中,宗教有了它的地位。我们需要一个"献身的对象"来整合我们的"能量",来超越我们隔绝的存在,去获取生命的意义。

《心理类型》

卡尔·古斯塔夫·荣格

✎ 作者简介

　　古往今来，人类文明史上唯有极少数的灵魂拥有宁静敏感的心灵，可以洞悉自己的黑暗。而开创分析心理学的大师——荣格，便是这少数之一。荣格是瑞士心理学家和精神分析医师，分析心理学的创立者。他是弗洛伊德最具争议性的弟子，并将神话、宗教、哲学与灵魂等弗洛伊德忽略的问题，引入了分析心理学派中。荣格的分析心理学的集体无意识理论，不仅对精神分析做出了伟大的贡献，对心理学和精神病学产生了影响，而且深深波及宗教、历史和文化领域。他是现代思潮中重要的变革者和推动者之一。忽略了他，便忽略了与现代社会紧密相关的整个思想。荣格主要著作有：《心理类型》《荣格自传》等。

✎ 名著导读

　　该书是荣格的代表作，它较全面地表现了荣格深刻而独特的思想，是荣格主要思想的集中表现。全书共分为两大部分，第一章至第九章主要从世界思想史的角度，从个体心理出发，勾勒两种心理类型——内倾和外倾，4种心理功能——思维、情感、感觉和直觉——的历史演变。在这样一种巨大的历史勾勒中，他涉及了哲学、美学、文学、文化学、精神病学、神学和宗教等思想领域。由于他把自成体系的无意识、非理性、象征、幻想、力比多、价值这些概念引进了这些领域，这使他几乎在每一专门领域都有着独创性的论述，使每一领域都闪烁着他睿智的光辉。在这种近乎囊括一切的论述中，荣格使自己的思想得到了充分的发挥，从而留下了一部极为独特的人类精神发展史。

全书最后两章为第二大部分，是荣格思想系统的逻辑展示，是对第一大部分的全面理论总结。前一章为类型学总结，后一章则对他思想中的主要概念作了界定和阐述。这两大部分一从史的线索，一从逻辑线索，纵横交错而从整体上展示出他的类型学观念。

🖊 理论精读

在心理学的类型理论中，荣格提出的内倾型和外倾型性格最为著名。1913 年，荣格在慕尼黑国际精神分析会议上提出了内倾型和外倾型的性格，后来，他又在 1921 年发表的《心理类型学》一书中充分阐明了这两种性格类型的特点。他在该书中论述了性格的一般态度类型和机能类型。

1. 一般态度类型

荣格根据心理能量的指向划分性格类型。个体心理能量的活动倾向于外部环境，就是外倾型的人；个体心理能量的活动倾向于自己，就是内倾型的人。外倾型的人重视外界，爱社交、活跃、开朗、自信、勇于进取、兴趣广、易适应环境；内倾型的人重视主观世界，好沉思、善内省、常自我欣赏和陶醉，孤僻、缺乏自信、害羞、冷漠、寡言、较难适应环境的变化。外倾型和内倾型是性格的两大态度类型，也就是个体对特有情境的反应的两种态度或方式。

2. 机能类型

荣格将人的心理活动分为感觉、思维、情感和直觉 4 种基本机能。感觉告诉你存在某种东西；思维告诉你它是什么；情感告诉你它是否令人满意；直觉则告诉你它来自何处和向何处去。一般来说，直觉在荣格看来是允许人们在缺乏事实材料的情况下进行推断。按照两种态度类型与 4 种机能的组合，荣格描述了 8 种性格类型。

（1）外倾思维型。该类型的人，既外倾，又偏向于思维。其思想特点是一定要以客观资料为依据，以外界信息激发自己的思想过程。情感压抑，缺乏鲜明的个性，甚至表现为冷淡和傲慢等人格特点。

（2）内倾思维型。该类型的人，既内倾，又偏向于思维功能。其除了思考外界信息外，还思考自身的精神世界。其表现为情感压抑、冷漠、沉溺于幻想、固执、刚愎和骄傲等人格特点。

（3）外倾情感型。该类型的人，既外倾，又偏向于情感功能。其情感符合于客观情境和一般价值。思维压抑，情感外露，好交际，寻求与外界和谐。

（4）内倾情感型。该类型的人，既内倾，又偏向于情感功能。其感情由内在的主观因素所激发。思维压抑，情感深藏，沉默，力图保持隐蔽状态，易忧郁。

（5）外倾感觉型。该类型的人，既外倾，又偏向于感觉功能。其头脑清醒，积累外部世界的经验，对事物并不过分地追根究底。寻求享乐，追求刺激，情感浅薄，直觉压抑。

（6）内倾感觉型。该类型的人，既内倾，又偏向于感觉功能。他们远离外界，常沉浸在自己的主观感觉世界中。其知觉深受心理状态的影响。艺术性强，直觉压抑。

（7）外倾直觉型。该类型的人，既外倾，又偏向于直觉功能。他们力图从外界中发现各种可能性，并不断寻求新的可能性。这种人可以成为新事业的发起人，但不能坚持到底。

（8）内倾直觉型。该类型的人，既内倾，又偏向于直觉功能。他们力图从精神现象中发现各种可能性。不关心外界事物，脱离实际、善幻想，观点新颖，但有点稀奇古怪。

荣格并非截然地把人格简单划分为8种类型，他的心理类型学只是作为一个理论体系用来说明性格的差异，实际生活中，绝大多数人都是兼有外倾型和内倾型的中间型。纯粹的内倾型的或外倾型的人是没有的，只有在特定场合下由于情境的影响而一种态度占优势。每个人也能同时运用 4 种心理机能，只不过各人的侧重点不同。此外，外倾型和内倾型也并不影响个人在事业上的成就。荣格的类型理论已广泛地应用到教育、管理、医学和职业选择等领域，因这种划分带来了使用上的方便。现在已有许多研究证实内倾和外倾是人格的主要特质，心理学家还编制了测量内倾和外倾的量表。

趣味扩展

荣格在少年时有过一段重要的经历。这段经历就如同刚从浓密的云层探出头来一般，他找到了他自己，开始摆脱了以别人的意志来过生活，对自己有绝对的权威，过着自己想过的生活，学校和都市生活则是占去了他的大部分时间。渐渐地，他越来越认同一号人格及所发现的新自我，二号人格的世界则慢慢地消逝。二号人格容易让他感到沮丧，因此他逐渐从二号人格的先入之见中解脱出来。他也开始接触西方哲学史，系统性地探讨自己所拟定的问题，深深为柏拉图、毕达哥拉斯、恩培多克勒所吸引。对荣格而言，他们的思想很美，富有学术气息，不像亚里士多德式的唯智论令人生烦。在其中，最令荣格感兴趣的莫过于叔本华（Schopenhauer）的著作，他对世界阴暗面的描述相当符合荣格的看法：对于上帝，他们皆认为上帝乐于唤起人们的阴暗面更胜于光明且积极的一面，这对自幼便开始怀疑上帝是否为完美的荣格而言，无疑是找到了志同道合的伙伴。

年纪越大，荣格越在自然科学和人文科学中游移不定，虽然将真理建立在事实上的科学颇受荣格的青睐，但是和比较宗教学有关的一切，像是希腊、罗马、埃及史学考古也吸引了他的注意力，并对埃及和巴比伦的一切感兴趣，而想成为一个考古学家。就在进退两难时，他忆起了曾祖父曾经是个医生，而学医至少可和科学结缘，医学的范围又相当广，以后也有许多机会专攻某项领域，所以他一脚踏入其中。

　　大一时，荣格对某位神学家论述精神现象的书产生了兴趣，这本书详述了"唯灵论"的起源，书中都是小时候耳熟能详的例子，像鬼魂这类的描述。对荣格而言，这个新天地为他的生活带来一抹色彩，虽然连最亲的朋友都认为这比他沉迷于神学还糟糕。毕业后，荣格选习精神医学方面的课程和临床实习，但课程内容却不是那样的让人感兴趣。在当时的医学界中，精神医学并未有完整的发展，医生们和门外汉差不了多少，精神疾病就犹如无药可治的绝症一般。就在一次参加国家考试的经历中，他掀开了由埃宾所编的教科书，映入眼帘的序言——"大概是由于精神医学的发展还未完全，精神医学的教科书或多或少被贴上了主观的烙印"震撼了他的心灵，作者将精神病患归类为人格方面有问题，在这一闪即逝的启示中，荣格获得清晰的概念，认识到精神医学是一生中唯一的目标。